口下手な人は知らない話し方の極意

認知科学で「話術」を磨く

野村亮太

Nomura Ryota

a pilot of wisdom

JN230211

目次

第三章　見えをコントロールする――75

話し手が特定の観客とのあいだに強いリンクを創る／観客どうしの相互作用を促す／観客の密度を高める／場の斉一化圧力／場の斉一化圧力を操作する／見る-見られる関係の怖さを和らげる／場に呑まれる／舞台から下りる作法／時には多勢に無勢と諦めるのも肝心

おわりに

はじめに

古代ギリシャにおいて、話術は雄弁術と呼ばれ、七つの代表的な教養の一つであった。雄弁術を学問として引き継いだ修辞学は、人前で話す行為が多くの聴衆の心をいかにつかみ、どう揺り動かすのかという関心から始まった。

ところが、現代の修辞学は、理論を精緻《せいち》にすることを究めようとするあまり、言語学の小さな一領域に押しこめられている。当初の関心は見る影もない。

一方、落語を始めとして、講談や漫談といった独自で多様な話術を育《はぐく》んできた本邦では、話術は伝統的な徒弟制度に守られて確かに伝承され、今日まで息づいている。

とはいえ、それはあくまで実践に基づく暗黙の知である。なので、噺家《はなしか》だからと言って、その理屈を説明できるわけではない。そもそも、話が多くの聞き手の心を惹《ひ》きつけるメカニズムについて、科学的なレベルで確かなことを知っている者は誰もいなかった。

そんな時、著者は実証研究によって話す行為のメカニズムを解明したいと思い立った。

そして落語を題材に話し手と聞き手が織りなすダイナミクスや聞き手どうしが影響しあうことで生じる協調について研究を続けてきた。

本書は、そのような実証研究の観点を持ちながら、現代の話術の身体技法とその術理（メカニズム）を体系的に示すことを企図している。

中学生や高校生以降、人前で話す機会はそう多くなかったのではないか。そのまま大きくなって、特に問題もなく大学に通い授業を受けたり、会社で働いたりはしていても、人前で話すのが苦手だという人はかなりの割合を占めている。

話すことがあまりに日常的な行為なので、改めてトレーニングするという発想自体がなかったのかもしれない。

興味深い例として、古典落語に『あくび指南』という噺がある。通り沿いに新しく「あくび指南処」という看板が懸かったのを見かけた男が、そこへ習いにいこうと思い立った。指南という言葉は最近ではあまり聞かなくなったが、武道や芸能を教えるという意味だ。

つまり、あくびの師匠が、弟子を取って稽古《けいこ》をつけてくれるというのだ。男は友達を連れて、あくびを習うことになったが、いざやってみるとこれがなかなか難しい。教わるのは日頃意識せずにやっているあくびだ。教わる方も教わる方だが、教える方も教える方だよ、と連れの男はあきれ返ってしまう。

実は話し方も同じかもしれない。話すこと自体は日常的で、多くの人が慣れ親しんでいる。そんなことを意識的になにか変えてやろうと思うような酔狂な人は少ない。だから、実際のところ学校や職場の多くでは、「そんなことは自分でなんとかしろ」という考え方がかつては大勢を占めていた。

だが、時代は変わった。書店には話し方を指南するビジネス書が数多く並び、話し方を教えてくれる講師は、サラリーマンに常に人気があるのだという。時代は魅力ある話し方の極意を求めている。その背景には、人前で話すのが苦手だからと言って回避できない逼《ひっ》迫《ぱく》した状況があるように著者は思う。

世界は高度な情報社会を迎え、情報ネットワークが国境を越えて縦横無尽に緊密な結びつきを作りあげている。だから、一人ひとりのミクロな活動とマクロな社会の挙動がひどく入り組みあい、歴史上類をみないほどの強い力で接続している。この状況では、話すことはもはや個人の問題ではない。なぜなら、話術は人を動かし、人が社会を動かすからだ。

そして、社会は経済を動かし、経済は世界を動かす。「風が吹けば桶屋《おけや》が儲《もう》かる」式に巡り巡って話術は世界を動かしている。本書がそんな現代の悩める大人たちに意義ある本になることを心から願う。

本書は、話術について認知科学の観点から理論的・実践的に論じたものである。

ここで言う話術とは、話し方を操る方法のことである。特に一人の話し手が多くの聞き手（聴衆・観客）の前で話す状況での話し方を念頭に置いている。

一方の認知科学というのは耳慣れない言葉かもしれない。これは、人が自分の生きている世界で起こっていることについてどんなふうに体験するのか、また、その実感をきっかけになにを考え、どう行動するのかという総合的な問いを解き明かそうとする研究分野である。

後にみるように、本書はかつて哲学だけが扱ってきたような人の知の働き（広い意味での知性）の問題について、様々なアプローチの研究で得られた根拠に基づいて理論化することを目指している。ざっくりと言って、認知科学とはそれを可能にする知性の科学だと理解していただければ当面はそれでよい。

話術を理論化したり、実践化していくのに認知科学が適しているのには理由がある。それは、認知科学が学問として少し特殊で、多くの学問領域の重なりあいの上に成立しているからだ。

ほかの学問領域の多くは、研究対象が先に決まっていて、それに応じて自《おの》ずと研究方法が決まってきた。

たとえば、言語学なら初めに研究対象として言葉があり、ある単語群の並びがいかに適切な文章として構成されるのかを論じる統語論が生まれた。心理学は人の行動や内的情報処理プロセスを研究対象として、人の行動をつぶさに観察したり、実験をして予想される振る舞いが起こるかどうかを確かめてきた。

だが、人の知性には、単に言葉だけでは捉《とら》えられないイメージや予期といった側面が必ず含まれている。また、行動や内的な情報処理をみるだけでは、身の回りにある道具や家具といった環境とのかかわりの中で知性がどう発揮されるのかについては、そもそも言及することはできない。

このように、人の知性は多様な側面が複雑に絡みあって成立している。だから、知性の科学である認知科学は、あらかじめ研究のアプローチを制限せず、様々な学問領域の知見の重ね合わせによって人の知性に迫ろうとしているのである。

話すことについてもそうだ。人が話すという行為には、人の知性の諸側面が次々に、しかも連続して発揮されている。それゆえ、特定の観点だけから眺めると、話すという行為の限られた面しかみることができない。だから、ここで取るべき立場は、あらかじめ対象を限定せず、話すことの様相の一つひとつについて個別に答えていくというものだ。本書でもこの立場に立とう。

本書では、まず話と話術について触れる。そこで話術の構成要素を述べる。ここで人が人と話すということについて、もう一度イメージを膨らませていただきたい。

その後、人がテキストを理解する時の仕組みに依拠しながら、話の構成をする際にあらかじめできる注意点をまとめていく。ここでは、普段気づくことが少ない書き言葉との違いも意識してほしい。

そして、実際に人の前で話す状況を考える。最初は話題が拡散しないように、一人の話し手と一人の聞き手の関係に注目しよう。そこでは「間《ま》」を話し手と聞き手の関係性という観点から捉え直すことになる。

複数の聞き手がいる場合の聞き手どうしの関係性については、その次にみていく。聞き手どうしの関係性については、まだ十分には実証的な研究は行われていない。その大きな原因は単純で、妥当な研究方法が見つかっていなかったからだ。

この問題の解消へ向けて、著者が考案したモデルを示し、聞き手どうしの相互作用の強さを推定する方法にも触れよう。一連の議論を通して、これまで特に意識をしなかった聞き手どうしの関係を新たな視点で見直すことができると信じたい。これは、理論的な面にはあまり興味がなかった読者にとってもスリリングな体験になるはずだ。

最後に、舞台（壇上）に上がった話し手がいかに場になじみ、聞き手を導いていけるのかをより実践的に述べる。ここでの実践的な内容は、もちろん研究知見に基づいており、相応の根拠がある。

ただし、ここに述べるどの事柄も生身の人間が行うものだ。だから、本を読んですぐにできるというものではない。心理学用語としても、舞台用語としても、練習とリハーサルが不可欠になる。なので、本書には、各章の末尾に簡単な要約を付けた。また、本書の最後には話術の具体的な練習の仕方についても簡単に触れるので、ぜひ参考にしてほしい。

ではさっそく、認知科学を頼りに話術の世界をみにいこう。

第一章　話術と認知科学

話すことが怖い

話すことは、生活にありふれている。多くの人が何気なくやっていることだ。ところが、人前に出ると話は別だ。あれだけ自由に動いていたはずの舌はもつれるし、緊張して冷や汗をかく。なにか言おうとすると、頻《しき》りにつっかえてしまう。まるで見えない石に蹴躓《けつまず》いて、どうやっても前に進めないような心持ちになる。

なんということだ。ただ、言葉を出せばそれでいいはずなのに、そんな簡単にできていたことができない。

これはなぜか。

一つには、あなたが優しいからだ。人のことを気にするから、話すことと人前で話すことのあいだに違いが生まれる。

嘘《うそ》だと思ったら考えてほしい。あなたの周りの厚顔無恥な人たちが、いかに流暢《りゆうちよう》に話すかを。誇るべき自信などどこにもないはずの彼ら・彼女らが、いかに饒舌《じようぜつ》か。

しかしこの負の感情を、饒舌家にぶつけるほど無意味なことはない。第一、ぶつけようとしても上手《うま》く伝えられないし、伝えたところでそれらの饒舌家が変わることはない。だから、目指すべきはもう一つの道である。つまり、あなたが実際に、人前で話すことができるようになるということだ。

人前で話す時、上手くいかないもう一つの原因は、上手く話そうとすることにある。まず、話すことと上手く話すことは別物であると正しく認識してほしい。上手く話そうと考えた途端、話すことは難しくなる。

『荘子』にはこんな故事がある。ある男が、都会の歩き方が洒落《しやれ》ているというのでわざわざ都会まで習いに出ていった。しかし、結局洒落た歩き方は会得でなかった。仕方なく、地元に帰ろうとしたのだが、いざ足を出してみると、自分が初めにどんな歩き方をしていたのかがわからない。男はまさにほうほうの体、腹ばいで帰った。

「邯鄲《かんたん》の歩」という故事だが、なかなか趣深い話だ。下手に他人の真似《まね》をすると、どちらも上手くいかないと示唆するこの話は、話術の本質を表しているように思う。

話術は、誰かから借りてきてそのまま使える便利グッズのようなものではない。話というものは体のつくりや声の特質に頼ってできあがるため、それを操る話術はどうしても一人ひとり異なる。だから、形だけ真似ても同じようにはできない。

だが安心してほしい。このことは必ずしも可能性を制限しているわけではないからだ。むしろ、話が一人ひとり異なるということは、今の自分の在り方をベースにして、その延長線上に自分の話術があることを強く示している。だから、上手く話すという目標を捨て、自分なりのやり方で適切に話すことを目指すようにすれば、進むべき道がはっきりとみえてくる。

自分なりの話術を身につけるための導入として、まずは話すことのプロフェッショナルである噺家が、その実践としてどんなことをやっているのかをみていこう。

と言っても、これを読んで真似をしようということを狙《ねら》ってはいない。手始めに、話すことについてのイメージをしっかり持つことを目指している。だから、自分自身がその場に居合わせたらどんなふうに感じるか、考えるかを想像してほしい。

話すことのプロフェッショナルとしての噺家

噺家とは落語家のことだ。噺を生業《なりわい》にしている人のことをこう呼ぶ（本書では、落語の演目のことを「噺」と呼び、より一般的な意味での話は「話」と表記して区別する）。

噺家は、様々な噺をして、観客を楽しませることで稼いでいる。

落語というと滑稽《こっけい》な噺ばかりを思い浮かべる方が多いかもしれない。だが、実際には、それだけではなく、人の情に触れて思わずほろりとするような人情噺や、背筋も凍る怪談噺もある。

だから、噺家というのは、単なるコメディアンというよりは、噺であらゆる楽しみを創造する、噺（話）の総合商社とでも言った方がいい存在である。

噺家はその身一つで舞台に立ち（正確に言えば、座布団に座り）、噺をする。噺家は、一人で多くの観客の前でしゃべる。この時間は、その噺家だけのものだ。ほかの演者が出てきて、話すのを助けたり、邪魔することはない。落語をご覧になったことがない方は、勘違いされるかもしれないが、大喜利《おおぎり》のイメージとは違うので、ご注意願いたい。

噺家は、話すことのプロフェッショナルだ。だから、場所は問わない。演芸専門の劇場である寄席であろうが、市民会館であろうが構わない。最近では、学校や病院、はたまた刑務所などいろんなところで口演がなされている。これは、同じく伝統芸能である能や狂言、歌舞伎《かぶき》などとは少し違うところだ。

どんな会場でも、そこに話の現場があり、そこで噺をしている限り、噺家は噺家なのだ。

話の現場としての高座

噺家は、出囃子《でばやし》という登場曲に乗って出てくると、舞台の中央に設《しつら》えてある一段高いところへ向かう。高座と呼ばれる場所だ。高座にはたいてい、厚くて広い座布団が敷いてある。噺家がその座布団へ座ってお辞儀をすると、出囃子はすっとフェードアウトする。

ここからが噺の世界の始まりだ。第一声から大きな声で話し始める者もいれば、ぼそぼそと聞き取れるかどうかわからない小さな声で話し始める者もいる。さらには、せっかく高座へ上がったと思ったら、そのまますぐに湯呑《ゆのみ》に口をつける者もいる。

高座での様子はまさに十人十色、噺家はいろんな容《かたち》で座っている。名人と言われるような噺家になると、そこへ座っているだけで大変におさまりがいい。なにか特別な力が働いて、あらかじめそこへ座ることが運命づけられているかのようにさえ見える。

だから、なんの引っ掛かりも撥《は》ねっ返りもなく、すっと高座になじんでいるのに出くわすと、それだけでなんとなく得をしたような気がして、噺を聞く前から満足してしまうことさえある。

このように眺めてみると高座は、観客から見れば、まさに演者の独擅場《どくせんじょう》である。しかし、演者の側から見ると、そこは必ずしも自由気ままな舞台というわけでもないようだ。

高座から見える景色

ここで試しに、視点を話し手側の噺家の方に移動させてみよう。

演者から見て舞台の左側である上手《かみて》から、高座に敷いてある座布団をめがけて歩いていく時、噺家の眼にはなにが見えているだろうか。なにが聞こえてくるだろうか。

劇場とは違って寄席では客席を暗くしないので、客の顔や動きがよく見える。じっとこちらを見ている客、がさごそとなにかお菓子の袋を開けようとしている客、隣どうしで楽しそうに話をしている客、その有様がひとまとまりになって寄席の雰囲気を作っている。

注意してほしいのは、目の前にいる客は毎回異なるということだ。客が多い時もあれば、少ない時もある。客の年齢層が高い時もあれば、低い時もある。客の性別も偏っていることもあれば、上手くばらけていることもある。

そんな客を前にして、客に合わせて口演する。だから、同じ噺家が同じ噺をしたからと言って、毎回同じようになるわけではない。セリフも違えば、ある場面自体をまるっきり飛ばしてしまうこともある。

考慮するのは単に観客の様子だけではない。演目は、季節や番組（演者の出てくる順序）や前の噺家のネタを踏まえて変えている。さらには時間が押していたり巻いていたり（予定より遅れていたり、早まっていたり）すれば、それに合わせて自分の出番で噺を調整している。

このように噺家の振る舞いを観察してみると、何気なくやっているように見える中に、実は多くの工夫をしていることが見えてくる。これはよく考えてみると、一言では言い表せないくらい凄《すご》いことだ。

逆説的ではあるが、話のプロフェッショナルに求められているのは、話すという側面だけではない。

まず、客の状態を感じ取る。その上で自分が客からどのように見えているのかを判断し、最も効果的な話し方を選び出す。しかも、ただそうしようと決めるだけではなく、決めたと同時に一つひとつの声や動きとして現実のものにしていく。

これが話術の本質だ。

ここで実現されている話し方は、噺家が生まれ持った声や顔つき、体つきに基づいて適切に選び出したものである。だから客の側から生まれてくる要請と、噺家の身体とのあいだの絶えざる相互作用から創られていく噺は、必然的にダイナミックなものになる。

人間ならではの方法で話を生み出す噺家

これだけ多くのパラメータ（変数）が変動する状況を考えると、その時々に最適な話をすることがいかに難しいかがよくわかる。たとえばもし、これを人工知能にやらせようと思ったら大変な苦労をするはずだ。センサーで感じ取った情報を基に判断を下し、運動を制御するアクチュエータ（駆動装置）に命令を下す。

力任せに計算をして解を求めて、逐次行動を起こすというアプローチを取るなら、スーパーコンピュータでもない限り、処理が追いつかなくなる。

なぜ噺家はこのようなことができるのか。

可能性は二つだ。一つ目は、噺家がスーパーコンピュータ並の演算能力を持っている可能性だ。二つ目は、話すという複雑に入り組んだ問題を、関連する要素どうしの協調を図るという別のアプローチで解決しているという可能性だ。

断然、後者の可能性が高い。いくらプロフェッショナルである噺家とて、人間なのだ。脳や身体の神経基盤といった物理的な限界から、そんな高速に処理はできないことはほぼ断定できる。

つまり、噺家は話すという行為について、力任せの大量の情報処理ではなく、人間ならではの方法で問題解決を行っているのだと予想できる。ここはまさに人の知性が発揮される場であり、だからこそ、知性の科学たる認知科学の観点から論じることが不可欠だ。

ただし、現実に噺家がどのようにしてその卓越した噺の技を実現しているのかについて、実はまだ十分に解明されているとは言えない。

とはいえ、卓越した噺の技を実現する話術について科学的な研究による実証や適切なモデル化が求められているというだけで、全く情報がないわけではない。これまでに残されてきた膨大な芸談やインタビュー、評論に現れてくる逸話などを重ねあわせてみると、少なくとも噺家の修業にその秘密があるということは、ほぼ間違いない。

噺家の前座修業と肌で感じる場《ば》の空気

噺家の実践においてどんな修業が行われているのかを知るために、今度は、楽屋内から見える噺家の様子についてみてみよう。

噺家稼業は、修業によって成り立っている。多くの噺家は見習いをして落語の世界を知り、その後入門が許されて前座になる。もちろん噺家の修業は生涯続くことになるのだが、この頃の修業のことを特に前座修業と呼び、噺家稼業の基礎が形作られると言われている。興味深いのは、前座修業のほとんどが、話すことに直接は関係していないということだ。

楽屋で前座が行うのは、出囃子の太鼓を叩《たた》くことや演目を根多《ねた》帳に書きこむことに始まり、着物をたたむ、お茶を淹《い》れるなど多岐にわたる。前座はその名の通り、本公演の前に木戸銭を取らない出番である前座として高座に上がって噺をするのだが、それは前座がこなす多くの仕事からしてみれば、ごく一部でしかない。

しかも、「前座の仕事は気働き」と言われるように、気を遣うことばかりだ。お茶を淹れるにしても、師匠によって濃い薄いや温度の好みがあるので、それを一つひとつ覚えておかなければならない。煙草《たばこ》を吸う師匠がいるなら灰皿を出すし、チリを捨てる師匠があればゴミ箱を出す。

それもただ出せばいいというのではなく、師匠方が心地よいと感じるタイミングを見計らって出さなければならない。早くても急かしているようで叱《しか》られるし、遅くても鈍いと叱られる。

柳家三三《さんざ》師が東京大学で行った講演会で述懐したところによれば、そのような気働きが実は噺家の本質にかかわっているのだと今は思う、という。

常に楽屋の雰囲気に気を配り、師匠の好みやその時々の心持ちを推し量る。それに呼吸を合わせて、瞬時に自分の行動を変えていく。状況を察することと振る舞いを変えていくことが別のものではなく、縫い目なく織物のように一続きになるまで修業は続く。

これを繰り返すうちに、その場の空気を察することは、自然な行為の一部になり、意識されることはなくなっていく。それはまさしく噺家が高座の上で客の様子を感じ取り、それに即応して噺を創っていくことの原点になる、と三三師は言うのだ。

よく聞く表現に「手に取るようにわかる」というものがあるが、これはこの場合にはあてはまらない。むしろ、噺家の話す行為の中では、手に取る以前に、肌が客の様子を空気として、その感触を受け取っている。

頭で理解するのではない。響きあうことで感じ取るのだ。言わば響感《きようかん》である。

もちろん、このようなことは、初めからできるわけではない。だからこそ修業が必要だ。多くの失敗をし、立前座《たて》と呼ばれる筆頭格の先輩前座から、すべきこと、してはいけないことを教わりながら、次第にその身に染みつくものだ。これが、芸談や評論で話術の極意に関して、しばしば「噺の呼吸」や「場の空気」として語られるものの正体だと思われる。

噺家にはならない素人の道

一見すると話すこととは関係しないとも思われる前座修業が、実は噺家が話す際の本質的な側面を鍛えているというのは、非常に興味深い。この逸話は、人が話すということがどんなものなのかを再認識させてくれるからだ。

ここで明らかになったのは、話すことというのは、話し手が一方的に情報を投げかけるものでは決してないということだ。聞き手の存在を認め、そこに話し手が呼吸を合わせて創りあげていく。そのためには、聞き手の様子を感じ取ることが不可欠なのだ。

この営みは感激するほど美しい。

これは間違いないとしても、読者にすれば、この凄さを認めれば認めるほど、気が重くなるかもしれない。こんなことを自分が実現できるだろうかという考えが頭をもたげてしまうからだ。

ここで確認しよう。私たちは噺家になることを目指してはいない。そうではなく、自分なりのやり方で、適切に話をすることができるようになりたいと願っている。しかしそれは、前座修業をしない身として、どんなふうに実現できるだろうか。

内容を知ることと方法を知ること

おそらく唯一の方法は、話の性質や話し方の特性についてよく知るということだ。本書はそれを企図している。ただ、ここで知るというのは、ただ知識を獲得することとは別だ。

認知科学では、知ることを大きく分けて宣言的知識と手続き的知識とに分類している。順に、物事についての知識とやり方についての知識のことである。いわゆるKnowing thatとKnowing howの違いである。前者は、物の名前や定義のように、一つひとつ指示して説明することができる。後者は、自転車の乗り方のように簡単には口で説明できないもののことである。

ここでは、知識の新たな見方に先鞭《せんべん》をつけたギルバート・ライルという研究者からの伝統を受けて、それぞれ「内容を知る」ことと「方法を知る」ことという用語で呼ぶことにしよう。

本書で目指しているのは、最終的には方法を知ることである。完全にとはいかなくても、話すことについてその方法を会得して、実践できるようになることを目指している。

実のところを言えば、著者自身も話すことは得意ではなかった。それが今では、数百人を前にしても、最低限のことは間違いなく伝えることができる。

これは、「内容を知る」ことが「方法を知る」ことを可能にし、ある程度までは適切に話すことができるようになったからだ。

本書の強みは、ここにある。

本書では、まず話すとはどんなことなのか、その内容を述べていく。だが、これはあくまで方法を知るための手段である。読者にもそのつもりで読んでいただきたい。

話術に欠かせない三つの要素

噺家の実践からもわかるように、話術は本質的に三つの要素からできている。それは観客を感じ取ること、観客からの見えをコントロールすること、そして、内容を効果的に話すことである。

第一に、話では、実は話すこと以上に観客の反応を感じ、判断することが重要である。話とは、話し手と聞き手の双方がいてはじめて成立するものだ。話し手だけでできるなら、壁に向かって話していればいい。ところが、そういうわけにはいかないのが現実だ。話がこのような相互行為だからこそ、どのように話すかを決めていくために、観客の反応を知ることは不可欠である。

第二に、話し手は自分が観客にどのように見えているかに敏感でなければならない。なぜなら、観客からの見えを上手くコントロールすることで、はじめて観客の反応を導いたり、引き出したりすることができるようになるからだ。

第三に、これら二つの要素ができて、ようやく内容を効果的に話すことができる。同じ内容でも、ちょっとした言い回しや接続語の使い方しだいで格段にわかりやすくなる。いわゆる「話し方」に当たる抑揚や発話の休止としての間（ポーズ）が意味を持つのも、ここからだ。

適切に話すという目標を達成するには、これらの三要素を巧みに操っていく必要がある。これが読者に期待する「方法を知る」ことの範囲である。

だが、三要素は同時進行で、しかもあちらこちらが関係しあいながら複雑に展開していく。そう単純な話として割り切れないということは容易に予想できるだろう。

そこで本書では、このような複雑な現象を着実に取り扱うために、範囲を限定しながら（状況の理想化を図りながら）細かく切り分けて論じていきたい。

まずこの後の第二章では、第一の要素である観客の反応を感じ取ることを述べる。

第三章では、観客からの見えをどのようにコントロールするのかを説明する。

第四章では、本論とも言える、内容を効果的に話すことを論じる。

第五章では、舞台に臨む前に、話術の特性を踏まえた話の構造化についてまとめておく。

第六章では、準備した内容を話術によって話として実現するための観点をまとめる。

第七章では、間《ま》と場《ば》について定義を明確化して、落語の研究から明らかになってきた術理についてこれまでに明らかにされた知見をみていく。

第八章では、いよいよ多くの観客がいる現実の状況下で、話術の三要素が時間発展的に展開するダイナミックな様相をまとめ、それを操る実践的な内容に言及する。ここだけ独立して読んでも役に立つようになっているので、時間がない人はこの章をまずは読んでみてもいい。

次章では手始めに、観客の反応を感じ取ることについてみていこう。ここでは、話し手と聞き手だけの一対一の関係を想定する単純な状況設定から出発して、複数の観客がいる場合という、より複雑な場合について論じていくことになる。

第二章　観客（聞き手）の反応を感じ取る

話術の最初の構成要素は、観客（聞き手）の反応を感じ取ることである。話の術で「話術」というくらいだから、まず話すことが大事だと読者は思うかもしれない。だが、それは正しくない。

話はあくまで、話し手と聞き手とのあいだのやりとり（相互行為）として成立している。だから、話し手と聞き手がやったりとったりしてはじめてその場ができる。話し手は決して独白をしているのではないのだ。

あまり気づかないかもしれないが、寄席では楽屋と舞台を仕切る障子に穴が開いていて、そこから客席の様子がうかがえるようになっている。噺家という話のプロでさえ、観客の状態を知っておきたいのだ。いや、これは正しく言えば逆だ。話のプロだからこそ、観客の状態をちゃんと知りたいし、知るための具体的な方法を整備しているのだ。

人前で話さなくてはならない時、多くの場合には聞き手がたくさんいる。だが、十分な準備がないままにこのような複雑な状況を扱うことは難しい。そこで、ここからはまず最も基本的な系として、一人の話し手と一人の聞き手とのあいだの関係性について考えてみよう。

このような状況の単純化は、素朴な理解のために行っているのではない。むしろ、たくさんの聞き手が関与する複雑な状況について考えるために基礎的な事項を知ることを目指したものである。

話し手‐聞き手系

話し手と聞き手がそれぞれ一人ずついる状況は、話し手と聞き手で構成される一つのまとまり（系、システム）として捉えることができる。

この関係を話し手‐聞き手系と呼ぶ。ここで「‐（ハイフン）」で表記しているのは、話し手と聞き手が互いに分かつことはできず、相互依存的に存在しているからだ。哲学者マルティン・ハイデガーは「世界‐内‐存在」と言ったが、このような使い方だと考えてほしい。

話し手と聞き手をまとまりとして捉える意味は、後の章でみるように、話し手と聞き手との協調関係を強調して論じる際に明確になってくる。また、複数の聞き手を考える場合と対比して説明する時にも有効な視点である。

なので、今はこの表記の意味についてさほど気にする必要はない。

一方的な「好き」は成功しない

一対一の話術でも最初に大事になるのは、やはり聞き手の反応を感じ取ることだ。たとえば、営業をする時に、初めから商談を持ちかけては成功しないだろう。まずは顧客の話を聞くところから始まる。むしろ、営業の最終的な目的が顧客に満足を提供するということだと考えれば、営業においては、相手の話を聞くことがそのまま話術だと言える。

恋愛にしてもそうだ。思いを寄せる相手がいても、一方的に好きだと言ったとしたら、それでは成功しない。気持ちを伝える前に、相手の話を聞いてどんなことに興味を持ち、どんなふうに過ごしたいと思っているのかをつかむのが大事になる。

つまり、一対一の関係においても、相手がなにを考えており、どんなふうに話を聞いているのか、その状態をまずは知りたい。これが次のステップで自分が人前で話すという時に助けになる。

非言語情報から反応を感じ取る

一対一の話し手‐聞き手系では、単純に相手だけを念頭に置いておけばよい。ただし一対一の関係においては、聞き手は時に話し手になる。だから、相手の言葉を頼りにして、相手の反応を感じ取ることもできる。これは比較的容易である。それは相手が発した言葉の意味を受け止めて理解すればいいからだ。

しかしながら、このことが話し手‐聞き手系を特殊にしている。というのも、読者にとって一番興味がある人前で話す状況、つまり一対多の関係では、聞き手からの言語的な情報を得ることはほぼ不可能だからだ。

観客からのヤジや合いの手を除けば、観客の反応を言語的情報から読み取ることはできない。

したがって、聞き手の言語的情報を読み解くことなく聞き手の反応を推し量るすべをあらかじめ整備しておく必要がある。ここでは、より複雑な一対多の状況で観客の反応を感じ取るすべを念頭に置いて、一対一の関係で妥当性の高い方法として、どのようなものがあるのかをみていこう。

一対一の状況では、聞き手は比較的自由に体を動かすことができる。結果として、聞き手は多彩な非言語情報をもたらす。

あなたが話をする時、相手と目は合っているか、それとも相手の目は泳いでいるか。顔はこちらを向いているのか、そっぽを向いているのか。姿勢は前のめりになっているのか、それとも半身になって受け流そうとしているのか。

これらはいずれも、聞き手の状態だけを記述したものだ。

だが、話は相互行為であるため、非言語情報は話し手－聞き手の協調関係としてみることもできる。相手の頷《うなず》きや表情の変化は、話の抑揚や休止のタイミングと協調しているのか、これらが有益な情報になる。では、順にみていこう。

興味を持つと瞳孔《どうこう》が開く

「目は口ほどにものを言う」という言葉をよく耳にする。「目は心の窓」といった言葉もある。これは、ほんのわずかな心の動きでも目に表れてしまうことを指して使う言葉だ。

ヒトの瞳孔

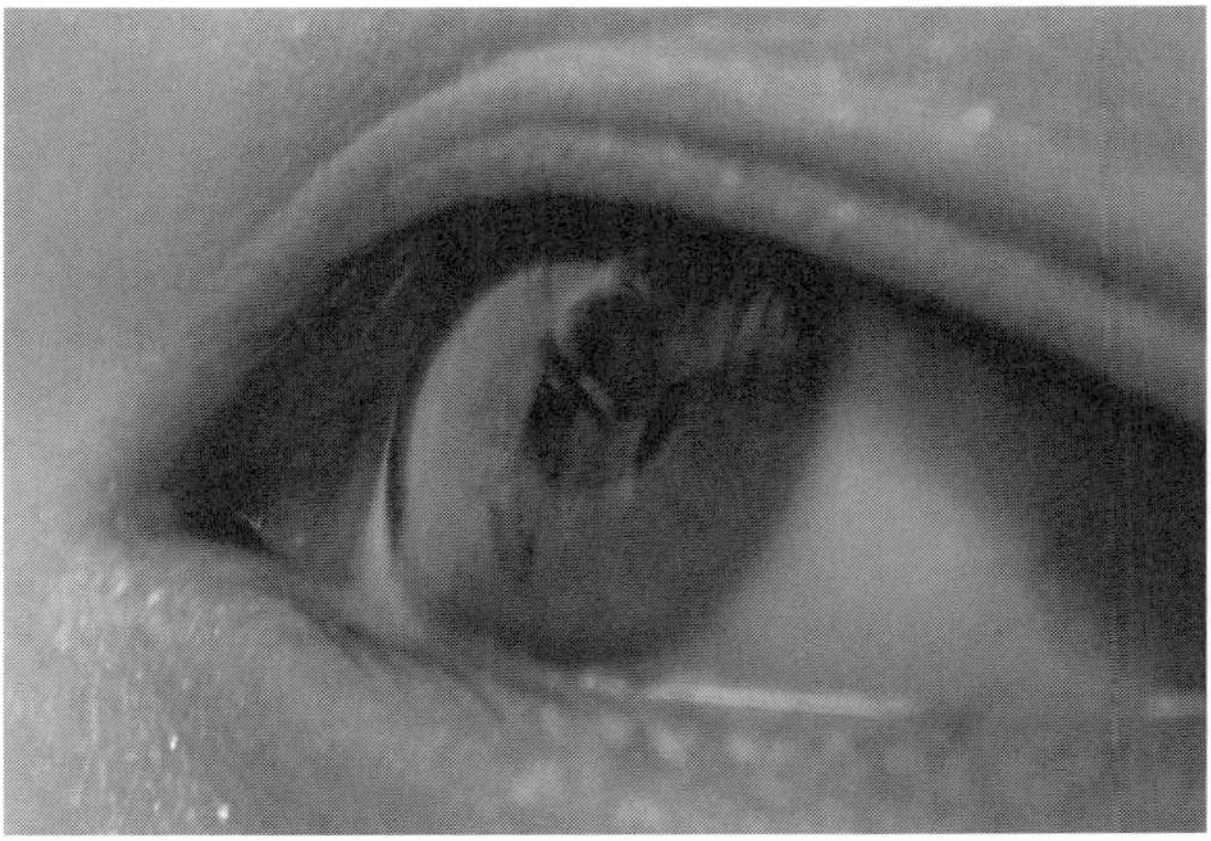

一対一で対面する時、聞き手の瞳孔には話し手の姿が映る。瞳《ひとみ》という字に「童」が入っているのは、見ている相手が子どものように小さく映りこむからだとも言われている。瞳孔を意味する英語pupilは、「小さな女の子」、つまり小さな人形が語源だという。これも、相手の目に映りこむ姿を人形に喩《たと》えたものである。

気をつけて見ないとわからないが、瞳孔とはその名の通り穴になっていて、ここが網膜まで光が到達する通り道になっている。複雑に入り組んだひだが作る造形はとても美しい。

瞳孔は、網膜に到達する光の量を調整す

る働きをしている。つまり明るいところでは瞳孔の直径は小さくなって、光が入りすぎないようになっている。一方暗いところでは、逆に大きくなって、より多くの光を取りこむのだ。

興味深いのは、瞳孔の直径の変動が光刺激だけではなく、ヒトの心の動きにも連動しているということだ。

生理学者で心理学者でもあるエッカルト・ヘスらは一九六〇年、有名な科学雑誌『サイエンス』に短い論文を発表した。それは、ヒトは関心のある対象を見た直後、瞳孔のサイズが大きくなるというものだった。

提示した画像の明るさは変わらなかったので、より見たいと思う心の動きが光を多く取り入れる方向に作用したのだ。男性は女性のヌード写真を見た時、女性は赤ちゃんの写真を見た時、それぞれ瞳孔サイズが大きくなったと報告されている。

最近では、瞳孔サイズの変動と気持ちの動きとの関連を調べることは一つの学問領域にまでなっている。広告や映像を見ている時の瞳孔サイズの変化を記録して、視聴者の好みを調べようという研究が盛んになされている。

この知見を素直に解釈すれば、瞳を覗《のぞ》けばその大きさに相手の気持ちが表れているということになるだろう。

とはいえ、瞳孔はまさに瞳の中にあるので、一対多の時には見て取ることができない。なので、残念だが聞き手の反応を感じ取るための非言語情報として使うことはできない。

「目は心の窓」は本当か

まばたきもまた豊富な情報を含んでいる。

思わず目を瞠《みは》る時には、洋の東西を問わず「目を引くeye catching」という表現を使うようだ。実際、注意のサイクルとまばたき（自発性瞬目）は関連があり、緩やかに連動している。

たとえば、相撲の取組を見ている観客は、立ち合いになると、じっと注目してまばたきが極端に少なくなる。大関や横綱が登場したり、優勝がかかった取組になると立ち合いはもっと観客の目を集める。

このように、なにかに注意を向ける時には、まばたきは抑制される。反対に注意の配分を終えて、注意を解放すると、素早いまばたきが立て続けに起こる瞬目バーストが生じる。

これが人間の場合だ。

普段生活をしている中では、まばたきをするのは当たり前のように思われるが、多くの動物にとってはそうではない。たとえば、うさぎはほとんど目を開きっぱなしで、まばたきをしない。うさぎの眼の表面の湿度が、分泌液によって一定に保たれているからだ。

これと対照的に、数年前世界ではじめて撮影された生きたダイオウイカの映像では、潜水艇の放つ光に眩《まぶ》しそうに目をつむる姿が映し出されていた。

ダイオウイカの目玉は直径が二五センチから四〇センチほどもあるという。この目玉で深海から水面の方を眺めて、エサを探しているらしい。まばたきは視覚が優勢な動物において意味を持つようだ。

さらに、まばたきは霊長類の一部ではコミュニケーション上の意味も兼ね備えていると考えられている。七〇種類以上の霊長類のまばたき頻度を比較した、興味深い研究がある。その結果では、群れのメンバーの数とまばたき頻度が相関していた。つまり、群れのメンバーが増えるほどまばたきの頻度が高くなるというのだ。

あるヒヒの仲間は、自分より地位の低い個体に対してまばたきによって行動を自粛させるという。人が咳払《せきばら》いをしてたしなめるのによく似ている。コミュニケーション・サインとして、まばたきが機能している例だ。

いずれにしても、ヒトは動物の中では特殊で、まばたきが注意配分・注意解放のサイクルと連動しており、話を聞いているか否かを判断するために利用できる。

なるほどこのように考えてみると、「目は心の窓」という表現には、人の複雑な心の働きへの洞察が込められているように思われる。人の心の窓は、いつもオープンなのではなく、注意を向けない時には、まぶたという名のブラインドが下ろされるのだ。

だが残念ながら、まばたきという非言語情報もまた一対多の状況での活用は難しい。現実的に考えて、話し手は誰がどの程度まばたきをしたのかを一瞬でサーチして正確に読み取ることはできないからだ。

視線は強力な指標になる

目からの情報の中でも、視線の向きは特に重要である。

人は話を聞いている時、話し手を見ている。逆に言えば、視線が向けられていない場合には、聞いていないことが多いということだ。

もちろん例外はあるとしても、ちゃんと注意を向けて話を聞いているサインとして視線が機能することは間違いない。

視線が多くの情報を示すことができるのには、ヒトの目に特有の構造が関係している。ヒトの目は瞳孔と虹彩の外側に、鞏膜《きようまく》と呼ばれる部分が発達しはっきりと白くなっている。いわゆる白目だ。

白目が大きいのには、ヒトが森林を出て二足歩行を始めたことが関係しているようだ。木の少ない平原では、遠い距離でコミュニケーションを図る必要があった。黒目が白目と対比されることで、ヒトは遠くからでも視線の向きを読み取れる。それに対して、類人猿であってもチンパンジーやボノボには白目の部分が見られない。

映画『猿の惑星』を見ると、猿に人らしさがあってなにか違和感を覚える。それは、出てくる猿が毛深さや張り出した眉間（眼窩《がんか》上隆起）といった面では猿の諸特徴を持つのに、白目が大きく発達しているというヒトの特徴も兼ね備えているからだろう。

視線を集めているということは、一対多の状況であっても聞き手の注意が話に向けられていることを示しており、観客の反応を知る上で、素朴ながら強力な指標になる。

「上気した顔」の意味

頬《ほお》を赤く染めて聞いている観客がいれば、それはあなたの話を聞いて感動しているのかもしれない。しかし、もしかすると話に腹を立てているのかもしれない。ご存じの通り、人は恥ずかしがったり、怒ったりすると顔が赤くなる。

感情の高ぶりに応じて顔は上気するので、その情報を活用するためには細かな表情の違いや前後の文脈を正しく評価することが、セットで求められる。話し手が繊細なセンサーを備えていれば、上気した顔は有益な非言語情報になる。

感情が高ぶると顔が赤くなる理由を説明する理論は多い。

たとえば、行為よりも前に心の状態を顔に映し出すことが、他者の振る舞いに影響を与えるのだという。それに、顔に表れてしまうので、本心でないことを装うのが難しいこともコミュニケーションの上で有益だ。

これ以外の機能としても、上気した顔で怒りの感情が相手に伝わると、殴りあいになるのを避けることができるかもしれない。逆に泣き出しそうにして上気していれば、他者から助けてもらえるかもしれない。

これに対して、上気するのは単に交感神経の高ぶりの結果というだけで、それ自体には特に意味はないという見方もある。

皮膚の薄い顔面から体温を逃がしているに過ぎないという、ドライな説だ。

実際的にも、仮に聞き手の顔が上気していても、単純に部屋が暑いだけということも往々にしてある。だから話の初心者は、聞き手の情報ではなく文脈の細やかな違いを間違って読み取ってしまっている場合がある。

上気した顔は、聞き手の心の状態を推し量るものというよりは、生理的な状態やその変化を推し量るものくらいに考えておけばよい。

相手の「右側」に座ると安心される

話を聞いている時の体の向きはとても重要な情報である。話は相互行為であるため、基本的には向きあう姿勢を取ることが多いからだ。

たとえば、皮肉やからかいの目をもって見ることを「斜に構える」というように、話し手に正対せず身体を斜めにしている時、相手の話をちゃんと聞こうとしていることは少ない。

斜に構えるというのは、字義的にはいわゆる半身のことで、刀を斜めに構えることだ。これは、相手の攻撃をかわして同時に自分の攻撃を加えようという姿勢である。

この姿勢で聞く相手は、自分の陰になる部分、懐に話し手が入りこめない領域を確保しているのだ。これは無意識のうちに行われている。

しかしながら、一対一の状況で話す時、相手が斜に構えていても驚いたり、悲しんだりする必要はない。

誰しも、なんの準備もなく懐に入られるのは怖いものだ。だから、いきなり核心を突くのが目的でなければ、話をするからと言ってむやみに不可侵領域には立ち入らないことも大事なことだ。

実際、話を聞くことのプロである心理臨床家は、基本的なトレーニングとして、対面ではなく相手と九〇度の位置を取ることを教わる。特に相談者の右側九〇度の位置が多い。これは、相談者が話をしやすいように配慮した結果だ。

この位置取りであれば、相談者が意図しなければ視線が交わることもないし、また相談者の左手の方には心理的に入りこまれない安全な領域が確保される。

これはあくまで著者の推測だが、心理臨床場面で左側よりも右側の方が推奨されるのは、相談者に右利きが多いからだ。

右利きの人は、それほど意識をしなくても右側のものを動かすことができる。だから利き手でない左側に陣取られるのに比べて安心感が持てる。

一対一の状況で、話し手と聞き手が入れ替わりうる時には、斜めの向きが聞き手を安心させる。話し手と聞き手の影響力が同程度で拮抗《きっこう》するからだ。だが、一対多の状況では、やはり観客が全体として話し手の方を向いている方が話は伝わりやすいことは間違いない。

腕組みをほどかせてゆらぎを起こす

聞き手に典型的に見られる厄介な姿勢として、腕組みがある。

腕組みは、手の内を見せないという強い守りの姿勢である。場合によっては、さらにエスカレートして拒否の姿勢にもなる。

確かに、両腕をだらりと下げ続けているのは、不安定な感じがしてなにか心もとない。せめて、近くに机や椅子の背があれば、そこに手を置きたい。そこに支えられて、身体の位置を定めたい。

このような暗黙の欲求から自分の体を使って、自分の腕を支えているのが腕組みだ。腕組みをすれば身体が安定するし、結果的に話し手の振る舞いによって受ける影響を最小限にできる。

別の章で詳しく論じるが、聞き手が安定してしまうと、話し手とのあいだで身体的に協調しにくくなる。これは話の内容を柔軟に聞くことを阻害する。だから話し手からしてみれば、腕組みは非常に厄介なのだ。

こうなってしまっては、話し手が聞き手へ直接働きかけてもなかなか動かない。後述の、聞き手の動きを引き出す間接的な方法（自分の失敗談を話す方法、二二七頁）を使って、聞き手にゆらぎを起こすようにしよう。

結論として、一対一の状況でも、もちろん一対多の状況でも、聞き手には腕組みをできるだけしないでいただけると助かる。腕組みをする人があまりに多いようならば、話をする前に、挙手や拍手を求めることで物理的に腕をほどいてもらうことも必要だろう。これも後に論じる。

ふらふらした観客を巻きこむリズム

一対一の状況で、聞き手の体の軸の動きから反応を感じ取る時には注意が必要である。聞き手は話し手にもなるので、話し手としての体の動きが多く含まれているからだ。観客は話に集中できていない時、座り直したり、向き直ったりして体の軸が動いてしまう。

観客の身体がふらふらしているのが有利に働くのは、リズムやテンポがよい話し方をする時だ。話の音楽的な要素が、体のリズムを生み出す。

想像してほしい。行進曲を聞きながら、ランダムに歩くことは難しい。知らず知らずのうちに、聞こえるものに体のリズムが合っていってしまうからだ。

テンポよく話すことができれば、聞き手がふらふらしているのも有利に扱うことができる。だが、「立て板に水」というような話し方は、話の目的によっては必ずしも有益ではない。注意が必要だ。

この問題については、すぐ後の節でみていこう。

呼吸と息づかい

たとえば、餅《もち》つきの場面を思い浮かべると、搗《つ》き手と合いの手との関係はまさに息が合っているというほかない。このような関係が話術においてもあるのだろうか。

話をする状況を説明する時、「呼吸が合う」とか「阿吽《あうん》の呼吸」というように、呼吸という言葉が使われることも多い。確かに「息が合う」というのは、話術においてもなにか真理をついているようにも思える。

稀代《きだい》の名人と言われた五代目古今亭志《し》ん生《しょう》は、全盛期は観客が腹がよじれて苦しくなるくらい笑わせたという。その姿はまさに達人で、快刀乱麻というほかなかったと言われている。

志ん生の息子で弟子でもある三代目古今亭志《し》ん朝《ちょう》は、その様子を傍《はた》から見ていて、「どうしてそんなに客を自由に扱うことができるのか」とその秘訣《ひけつ》を聞いてみたことがあるという。

すると志ん生は、釣りのようなもんだと答えたそうだ。

客が今、「来ている」かがわかる。だから、客が笑いに来ている時にすっと「上げれば」、釣れる。もし、来ていなければ食いついてくるようにやればいい、と簡単に言ってのけたという。

観客がどれくらい噺家の方に気を向けてやってきているのかを感じ取り、呼吸を合わせてクスグリ（笑わせどころ）を放りこめば客は笑う。ただそれだけのことだ、と名人のレベルではそう感じられたのであろう。

その奥義が実際はどのようなものなのかは、話の素人にはあくまで推論する以外にすべはないが、呼吸が話術の蘊奥《うんおう》になにか関係しそうだということだけはわかる。

また、名人と謳《うた》われた四代目柳家小《こ》さんは、呼吸について『あくび指南』を例に挙げながら説明している。

これを三度繰り返して、最後に、聴いていたともだちのはほんとうの欠伸だから、最も巧みに、ほんとうのよりもモッと誇張して、大きく欠伸をしなくてはいけない（略）だからわざと拙《まず》くやるんですが、この殊更拙くやるというのはいわば芸の秘事でしょうな。これはあながち〝欠伸指南〟ばかりではなく、ほかの噺にもこの**呼吸**はあります。

（安藤鶴夫『落語鑑賞』苦楽社、一九四九　太字は著者による）

その弟子で人間国宝になった五代目小さんも呼吸という言葉を同じような使い方で用いている。

高座にかけるには、教わってきたものをすぐかけちゃいます。それでやっているうちに、受けた咄《はなし》が受けなくなったり、いろんなことになってきます。おかしいな、今まで受けていたのに、どうしてここが受けなくなったのかと思うと、全体の**呼吸**が違ってくるんです、しゃべっているうちに。

（暉峻康隆『落語芸談（下）』三省堂、一九六九　太字は著者による）

どちらの例でも、観客の呼吸というよりは、話の呼吸という意味で使っている。聞き手の呼吸については言及していない。

ところで、息が合う現象については、いくつか実証的な研究も行われている。『心理学的考察「いきが合う」』（北大路書房、一九九〇）という書籍にコンパクトにまとめられた古浦一郎の一連の研究では、ギターを演奏する際の演奏者どうしの息遣いと合奏の関係性が検討されている。

どれも事例的な研究だが、演奏者が練習を重ねたペアでは呼吸相（呼気と吸気のリズム）の一致が見られることがあると示唆されている。

また、容易な曲を演奏する場合には、呼吸を合わせなくとも合奏のテンポが一致するのに対して、演奏しにくい曲では、呼吸の一致が合奏のテンポの一致には欠かせなかった。

これについて、演奏者はそれぞれ固有の呼吸リズム eigen-tempo を持っているが、それを曲の演奏のために調整すると古浦は解釈している。結果として、合奏をする演奏者どうしの呼吸相は近くなり、一致してくるのかもしれない。

複数の人が共通の目的のために行う行為は、共行動joint actionと呼ばれている。多くの人が参加する状況では、タイミングよく安全に共行動を行うためには、呼吸を合わせるということが大事だ。

日本にはかつて歌いながら、息を合わせて作業をする場面が多くあった。

野良仕事や大工仕事をする時、みなが歌うことで息を合わせたものだ。このようなやり方が今でも残っているのは、神輿《みこし》を担ぐ時と木遣《きや》り歌（木材を運ぶ時の掛け声からできたと言われる独特の仕事歌）くらいだろうか。

また、仕事以外にも、綱引きをする時の掛け声、大縄跳びをする時の合図など、呼吸を合わせるのが役に立つ状況は確かにありそうだ。

だが、ここまでの議論でもわかるように、聞き手の呼吸についてあまり確実なことはわかっていない。

話し手と聞き手との対応関係が生まれているのだとしても、少なくとも聞き手の呼吸は直接的に観察できない。したがって、初心者は意識を向けても判断材料として使うことは難しい。

これは著者の推測に過ぎないが、呼吸を自由に操るというのは、観客全員が同じところで思わず息を呑《の》んでしまうような話術が先にあって、はじめて意味が生まれる感覚だと思われる。言わば当代の名人と謳われた噺家だけが到達できた、達人的な感覚である。

名人の肌感覚を再現しようとすることは、少なくとも入門編の話術としては推奨することはできない。

子どもの寝かしつけでなぜ自分も寝てしまうのか

ここまでは、聞き手の側の振る舞いに注目してきた。これによって、聞き手の反応を感じ取る際に利用できる非言語情報にどのようなものがあるのかについて、おおよその見取り図ができた。

そこで読者には、ここで改めて話し手－聞き手系の特殊性を思い出してほしい。

ここで言う話し手－聞き手系の特殊性とは、聞き手はいつも聞き手なのではなく、時に話し手になるということだ。

　これが可能なのは、話し手と聞き手が同じ時間に居合わせ、同じ空間を占めているからにほかならない。両者は目に見える紐《ひも》や枝でつながれているわけではないのだが、少なくとも話をしている際には、話し手と聞き手とのあいだには対応関係が見出《みいだ》されても不思議ではない。

　より積極的に、両者が分かつことのできない一つのまとまりをなしているという見方もできる。著者はこの立場に立つ。このことを明示するために、本書では－（ハイフン）を使って話し手－聞き手系という言い方をしてきた。

　この系を想定する場合、「聞き手の反応を感じ取るための非言語情報」としては、聞き手の振る舞いの記述だけでは十分ではなくなる。

　簡単に言えば、話し手の働きかけとの対応関係において聞き手の反応をみていく必要が生まれてくるということだ。

　話し手の働きかけの下での、観客の反応を感じ取ることができる非言語情報として、話し手と聞き手のあいだの引き込み現象が挙げられる。

引き込み現象entrainmentとは、二つ以上の異なる周期があり、それが結合することで、次第に一つの周期になっていくことだ。

これはレーザー光や共鳴や共振などの物理現象として、日常的にも見ることができる。引き込み現象には二種類ある。一つ目は、両者が影響しあって初めとは別の周期に落ち着く相互引き込み現象である。二つ目は、一方が他方を引き込むものであり、マグネット効果とか強制引き込み現象と呼ばれている。

引き込み現象という用語が、認知科学の文脈で用いられる時は、その定義はもっと緩やかである。

ざっくりと言えば、呼吸や身体運動のように周期的な振る舞いをするものが次第に一致してしまうことを指して引き込み現象と呼んでいる。

たとえば、カラオケでハモり（和声）を入れようとして、メロディラインにつられてそちらの方を歌ってしまうような状況だ。

このアナロジーを使えば、話し手と聞き手のあいだの引き込み現象もわかりやすい。話におけ る引き込み現象とは、話し手からの言語および非言語情報によって聞き手の周期的な行動が誘導されてしまうことを指す。

ヒトの行動に関する引き込み現象についての研究は、母子関係のコミュニケーションがどのように行われているのかを調べる研究として始まった。

ウィリアム・S・コンドンらは大人が赤ちゃんに掛ける声に随伴して、その子どもの手足が動くということを見出している（一九七四）。両者は、時間的なずれを伴って協調していた。

だが、その後の研究では、逆の関係も見出された。つまり、赤ん坊の運動をきっかけにして、大人の声掛けが起こる場合があることも発見されたのだ。

言い換えれば、子どもは単に母親の声掛けに呼応して、手足を動かすだけではなく、子どもが自ら手足を動かすことを通して、母親の声掛けを喚起したというおもしろい知見だ。

別のある研究では、母が子を寝かしつける時、母子間で呼吸や心拍のリズムが同期していくことが見出されている。

身体的なレベルでの協調が、寝ることへ導く。子どもを寝かしつけたことがある方は、子どもが寝る時、自分も寝入ってしまうという経験をしたことがあるのではないか。

これらの事例は、ヒトの原初的なコミュニケーションの中にすでに双方向性があることを示している。

合コンで「脈アリ」かどうかを協調から知る

話し手と聞き手とのあいだの引き込み現象についての研究も行われている。

ある研究では話し手の音声のオン・オフの情報（つまり、言葉を発しているかどうか）と、聞き手の呼吸との関係が調べられている。その結果、音声がオンからオフに切り替わる時に、聞き手は呼吸をする確率が高かった。頷きのタイミングが話し終わりと一致することも知られているが、これは日常的にもよく知られていることだろう。

ゲーム機の加速度センサーを使って、合コンをしている学生の身体運動を調べた研究もある。

男子学生では、合コン相手の好ましさと身体運動の協調の程度とのあいだには関係が見られなかった。ところが、女子学生では、自分が好ましいと思っている相手に対しては、そうでない相手に比べ身体運動の協調の程度が高かった。簡単に言えば、女性は好ましい相手と身体運動の面で、引き込み現象が生じやすいことを示唆している。

女子学生の振る舞いに、どこまで思惑や意図が含まれているのかによって結果の解釈は変わってきそうだが、いずれにしても好ましい相手の話は協調しながら聞くのだということがわかる。

著者らは、演芸の状況を再現して話し手の身体運動と聞き手の身体運動との時間遅れを含めた協調関係を調べた。この研究は、落語の口演での話し手－聞き手という関係に焦点を合わせたものである。事例的な研究だが、結果は興味深い。

噺の後半になるにつれて、話し手と聞き手は、身体運動の面で協調関係が生じるようになっていった。とりわけある観客は、噺の後半になって、協調関係が増えるのに応じて、笑顔の量が増えていった。しかも協調関係においては、聞き手が話し手に先行して動いていたのである。

おもしろさを感じる上で、聞き手が話し手よりも先に動くことでできるような協調関係が大事だということだ。

この研究の結果だけから議論を一般化することは難しいが、話し手－聞き手系での身体的な協調運動は、単純に運動の問題なのではなく、相手の話を理解したり楽しんだりすることに影響しうるということが示唆される。

これは普段子どもがしていることを思い出せば、なんら不思議ではない。お話を聞く時、お歌を聴く時、子どもはどうしているだろうか。話に魅せられ、音に乗っていくほどに、子どもたちは踊り出す。感じたことは内側に収まらず、身体運動として飛び出してくる。

これは体の動きを話や音に合わせようとか、体の動きを意図的に作り出そうとしているのではない。

わくわくする気持ちが子どもたちの体を突き動かし、動きとしてつい出てきてしまうのだ。当然の帰結として、話の盛りあがりのところで体は動いてしまっている。

子どもたちは躾《しつけ》を受けて、次第におとなしくお話を聞くようになる。

だが、気持ちが動くと体や表情が動き出すというのは、人間の性質そのものだ。コミュニケーションの原点として現に存在し、なくなることはない。

だから、大人どうしであっても、話し手と聞き手とのあいだには協調関係がうまれても不思議なことではない。

まばたきは伝染する

近年では話をする声や身体運動どうしの対応関係だけではなく、身体の様々な側面で引き込み現象が起こることがわかってきている。

話し手と聞き手との関係でまず思い浮かぶのは、頷きだろう。意識をしていなくても、相手の話に合わせて頷いてしまっている。

少し意外なものとして、まばたきの引き込み現象が最近になって発見された。

ある実験では、あるドラマで木村拓哉扮《ふん》する総理大臣がテレビで演説しているシーンが用いられている。キムタクのバストアップ（胸から上が入る画角）の映像クリップを、実験参加者に見せた。

すると、キムタクがまばたきをしてから〇・五秒ほどした時点で、実験参加者のまばたきが生起する確率が上がった。

この結果は、話し手のまばたきが聞き手のまばたきを引き込んだと解釈されている。

多くの場合、話し手が話し終えたところでまばたきが生じていた。話し手は、自分の話がある程度まとまったと感じた時、まばたきをする傾向にあるので、結果的に聞き手のまばたきは引き込まれる。

しかも、自閉症の傾向がある参加者を対象にしたその後の研究では、このまばたきの引き込み現象は生じなかったという。

自閉症スペクトラムの患者は、コミュニケーションに難しさを抱くことを典型的な症状とする。してみると、まばたきの引き込み現象は、何気なく行われているコミュニケーションが必ずしも当たり前ではないことを象徴しているようだ。

実験では、ビデオ映像を使って話者を固定した一方向的な関係が調べられているが、話が相互行為である以上、まばたきの引き込み現象は双方向的に生じていると推測できる。

話術の初心者に大切な「視線集中」

第二章ではここまで言語情報を読み解くことなく、聞き手の反応を感じ取る方法をみてきた。

一対一という局所的な状況なら、瞳孔もまばたきも、聞き手の反応を感じ取るために役に立つ。

「目は心の窓」という比喩《ひゆ》は、まさにその通りで、目を見ればかなりのことがわかるということだ。一対一の状況での話術も必要としている方には、参考になったはずだ。

ところがこれらの情報を一対多の状況で活用することは難しい。

それは単純に、多くの人の瞳孔のサイズやまばたきの状態をリアルタイムで知る方法がないからだ。また、聞き手の呼吸についても、肌で感じることができればいいのだが、話術の初心者にとってはそうやすやすとできるものではない。

著者の研究の一環として、これらの非言語情報をセンシングして話し手にその場でフィードバックする方法を現在開発中だが、未《いま》だ一般には利用できないのが残念だ。共感した方は、開発を支援してほしい。

さてその一方で、視線や体の向きは、一対多の状況でも話し手がある程度まで見て取ることができるとわかった。

かなりたくさんの人がいても、視線が集中しているかどうかはすぐにわかる。だから、これらは一対多の状況で利用できる情報の有力な候補である。

暫定的な結論として、話術の初心者は、視線集中という情報を活用して、自分が強調したい部分で、ちゃんと聞き手が顔を上げ話の内容に注意を向けているかどうかだけを判断基準にしよう。また、この部分もまだ実践できていないようであれば、注意をして練習をすればいい。練習方法については第八章で紹介する。

一対多の状況で聞き手の反応を感じ取るのは難しい

一対多の状況では、系は格段に複雑になる。それは、聞き手の反応を感じ取る際に、少なくとも次の三つの側面が加わるからである。

第一には、すでに繰り返し述べているように、観客からの言語的な反応が得られなくなる。野次や合いの手を除けば、言語情報から観客の反応を読み解くことはできない。

第二に、観客はみな違う。観客は誰一人として同じではないので、特定の人物のためにだけ話を調整するということはできない。

つまり、一対多の状況の複雑さを増しているのは、予備知識の程度や理解力が異なる多彩な観客がいる状況において、複数の必要条件を同時に満たさなくてはならないということとだ。

そのために、観客どうしを結びつける特殊な工夫が必要になることは想像できるはずだ。

第三に、観客が複数いる状況では、これまでに論じた話し手－聞き手系とは別に、観客どうしの関係も生じる。

しかも、この観客どうしの関係性は爆発的に増加する。

観客どうしの関係性は、観客の数に比例するのではなく、観客の数の指数関数として増える。たとえば、観客が取りうる状態が二種類あって、人数が三人なら、関係性は2の3乗（＝8）通りある（これはペアの数ではなく、取りうる状態の数を示している。二進法で言えば000から111までの8パターンあるということだ）。

なんだか急に難しい話になったが、要は組み合わせの数の問題だ。

同様に観客が一〇人なら、関係性は2の10乗（＝1024）である。一般的に書けば、観客が取りうる状態をM種類として、人数をNとした時、MのN乗になる。

寄席の収容人数が二〇〇人程度で、一人の観客が取りうる反応の種類がシンプルに三種類（肯定的、否定的、中立）だった時でさえ、会場全体の観客が取りうる状態は、3の20

0乗で、おおよそ2・65×10の95乗通りある。

つまり、2の後に95桁も続く数である。これは天文学的数字だ。

事実、観察可能な宇宙に存在している原子の数は高々10の80乗である。観客どうしの関係性が取りうる場合の数も途方もなく大きくなることがわかるだろう。

観客が多くなれば、一人ひとりの観客の反応を感じ取ることは間違いなく不可能だということだ。

これは大変だ。非常に素朴な言い方をすれば、観客の反応をそのまま感じ取ることはできないということだ。一人の話し手が、すべての観客の状態を掌握してコントロールするのも、できそうにない。

視線や体の向きからある程度の反応を感じ取ることができるとはいえ、そこでは一人ひとりの状態を見極めるというよりは、観客をひとまとまりとして受け止める技法が求められる。言い換えれば、多くの聞き手の反応を単純化あるいは粗視化して把握する必要がある。その上で観客からの見えをコントロールしたり、話の内容を効果的に伝えることになる。

この内容はかなり実践的になるので、実践的な話し方を指南する第八章で再び触れることにしよう。どのような工夫があるのか、また、それにはどんな理論的・実証的な根拠が存在するのだろうか。それを楽しみにして、ここではいったん本論に戻ろう。

一対一の関係から一対多の関係へ

本章では、話術の一つ目の構成要素である観客の反応を感じ取ることについて論じた。一対一という限定された状況から始めて、一対多の状況にまで広げてその方法を概観してきた。

実践的に活用でき、かつ最も有効なのは、視線集中の程度から観客の反応の概要を知るということである。

次の章では、話術の二つ目の構成要素である、観客からの見えをコントロールすることをみていこう。当然、そこで議論されることは、観客の視線が集まってこそ意味がある。そのつながりを意識しながら、読み進めていただきたい。

第三章　見えをコントロールする

話術の二つ目の構成要素は、観客からの見えをコントロールすることである。

たとえば、転校生が教室にやってきて、自己紹介を始めたとしよう。

教室にいる聞き手はどんなところを見ているだろうか。最初に自己紹介をする段階では、話の内容をじっと聞いているということはあり得ない。

まずどんな人なのかを見極めるために、言葉の端々にある細やかな特徴や、言葉にならない所作振る舞いをじっと見ている。

話の内容が頭に入ってくるのは、その後のことだ。

反対に、この状況を転校生の立場から考えてみよう。

あなたならどうするだろうか。

のるかそるか、最初の一言目にウケを狙うだろうか。または、変に思われないようにごく控えめに振る舞うだろうか。

だが、どちらも大変にチャレンジングな行為だ。聞き手がどんな準備状態なのかはわからないし、なによりどんなふうに受け取られるかは、賭《か》けのようなものだ。

上手くウケが取れなかったり、単に内気で控えめに振る舞ったとしても、コミュニケーションを拒否しているように受け止められてしまうかもしれない。

この時、話術を学んだことがあるなら、少しでも見えをコントロールして、話の内容を聞いてもらえるように工夫できる。

話をする場面で言えば、観客にどんなふうに見えているのかを上手く操ることができれば、観客の反応を予測して話し手自身が振る舞いを変えたり、期待を利用して観客の行動を引き出すことが可能になるということだ。

そこまでいけば、話も聞いてもらえる。言葉のいいところは、意味を持っているところだ。話を聞いてもらえれば、気軽に話がしたいことや打ち解けたいことを言葉で説明できる。

私たちは今、自分なりの方法で適切に話すことを目指している。そのためには、話の内容という本筋を伝えなければならない。また、聞き手のことを考えれば、なによりも安心して話が聞ける状況を作ることが大事だ。

多くの観客の視線が集まる時、緊張して頭が真っ白になったり、ちゃんと話せるか不安に思ったりすることもあるだろう。

だが、どこに注意すれば、自信を持って話しているように見えるのかを知っていればずいぶん気は楽だ。本当は緊張したり、不安を抱いていても、見えをコントロールすることで、話の邪魔にならない程度に抑えることができるからだ。

だから、本章では、余計なコトやモノに観客の気が散ってしまわないように、どんなところに気をつければいいかをみていく。

見る－見られるの関係

まず、大切な話をしよう。話し手と聞き手とのあいだには見る－見られるという双方向的な関係がある。

この事実は次の結論を導く。第二章で取り扱ったすべての非言語情報は、話し手が聞き手の反応を感じ取るのと同時に、聞き手が話し手の様子を察するためにも使われている。

すなわち、話し手の瞳孔やまばたき、視線の向き、顔の上気の具合、そして、身体の向きや姿勢、体の軸の動きは、すべて話し手がどんな状態なのかを観客にはっきりと知らせているのだ。

内心びくびくしていれば、普通は観客にもそれが伝わるものだ。

だが、聞き手は読心術を使えるわけではないので、外面的にしか観察することはできない。しかも、この観客からの見えの面は、ある程度までコントロールすることができる。

観客からの見えappearanceという用語を使うのには、外面的なところに重きを置くという含みがある。観客からの見えは、話し手の内心という用語と対比して使われている。

これは話術の一つである。つまり、どんなに緊張していたとしても、また不安を感じていたとしても、話し手が見えを上手くコントロールすれば、聞き手は安心して話の内容を聞く準備ができる。

第二章で扱った非言語情報とも重複するものもあるが、どんな側面で見えをコントロールできるか、またすべきかを論じていく。

話をする時の基本となる姿勢所作を身につけよう。

糸に胸が吊《つ》りあげられるイメージ

立って話す時は、男性なら肩幅に足を開き、女性ならかかとと膝《ひざ》の内側を合わせて立つ。どちらの場合も、両足の親指の付け根のあたりに重心を感じながら、まっすぐ立つのが基本である。ただし、試しに片足でケンケンしてみて、自然とかかとを使っている方は例外だ。こういう方は後ろに重心があるので、かかとに重心をかけてまっすぐ立つ。

背筋は伸ばす。

鏡を見てあまり背筋が伸びていないようなら、みぞおちの上の、指三本を横に並べたあたりに三〇センチくらいの長さの糸が結びつけられているようにイメージしてみよう。この糸を自分の利き腕を実際に使って、前方やや上に引っ張っているように想像してみよう。糸に胸が吊りあげられているイメージだ。

こうすると自然と胸が張り、姿勢がよくなる。胸が開くので声も出やすい。

上半身は、下半身の土台に軽く載せているくらいの心持ちにする。手は前で軽く組む。これは腕を安定させるためなので、腕をだらりと垂らしていても不安でない人は別に手

糸に胸が吊りあげられるイメージ

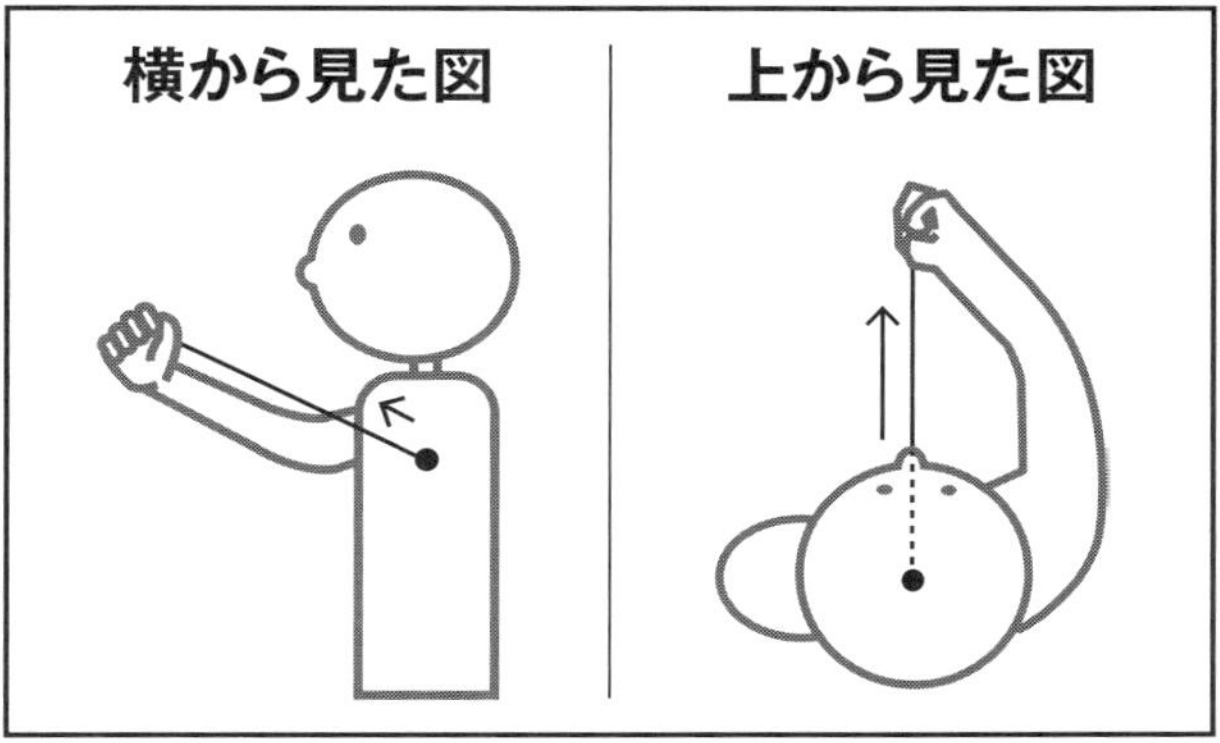

を組まなくてもいい。間違っても、腕組みやアキンボー（両手を腰に当てるポーズ）をしてはいけない。

上半身の力が抜けていると、横方向への動きを伴う所作もしやすい。

こうなっていれば、スクリーンやポスターを指し示す時に、意識を前（客席側）に配りながら、上半身だけを使ってきれいに指すことができる。

椅子に座って話す時にもこの応用をすればよい。べたりと床に足の裏をつける。

特に声が小さい人は、足を組んではいけない。足を組むと喉声《のど》になりがちだ。また、身体を向けた右側と左側で声の大きさが変わってしまうからだ。この状態では、会場内の場所によっては聞き取れなくなる。

立っている時と同じように糸のイメージを使って胸を張り、机や膝の上で軽く手を組む。

これが基本姿勢だ。

視線は上下一五度以内に

視線は、その人の思考や感情の方向と強さを示すものとして受け取られがちだ。だから、視線を泳がせていると、考えがまとまっていないと思われてしまう。

伏し目がちだったり、手元の資料に「目を落として」ばかりいる人は、聞き手に向かって話をしていない印象を与える。

また、見下ろす癖や見上げる癖がある人は、特に気をつけよう。姿勢を整えた上で顎《あご》を軽く引いて、床面と視線がほぼ平行になるのがちょうどよい視線の高さである。

話を聞く人にとって邪魔にならない視線の置き方としては、目の高さを基準にして、大きくても上下一五度程度だ。合わせて三〇度というと非常に狭い範囲に思われるかもしれないが、実際に測ってみると、思ったよりもかなり幅がある。

目から五七・三センチ離れた距離で、一センチがちょうど一度に相当する。だから、スクリーンに三〇センチくらいの目安を書いて、六〇センチほど離れて見える目安の端から端までの範囲が三〇度になる。これで視線の上下の幅を確かめてほしい。

対象が遠くなれば、この範囲でほとんどのものが入る。

ただ、これはあくまで基本となる視線の向け方だ。効果的な視線の使い方については後述する。

ボールを遠くに投げるような発声

話の内容を効果的に伝えるためには、聞いただけで魅力を感じてしまうようないい声である必要はない。まして、そのために声を作ることはない。しかしながら、声は伝達の手段である。伝達効率が最大になるように最適化していくためには最低限守らなくてはいけないことがある。

まず、地声を大事にしよう。

地声というのは、その人がそれまで生きてきた中で、最も自然にできる方法での発声だ。

それは筋肉の量や声帯の特徴、身体による響きなど、総合して決まっている。

大きな声を出す時にも、私たちはミュージカルや歌唱をするわけではないので、地声を活《い》かして大きくしていこう。

ただし、大きな声を出すイメージでやってしまうと喉を傷めるので注意してほしい。

そうではなく、会場の一番後ろの席にいる人に十分届くように遠くに声を飛ばすつもりで声を出す。目の前に川が横切っているのを想像してもいい。それを越えるようにボールを遠くへ投げる感じだ。

もちろん、一番後ろにぎりぎり落ちるような投げ方だと半分くらいは届かない。もう少し余裕をもって、その少し後ろまで十分に届くようにイメージして声を出そう。

絶対に避けたい「光物」

話をする時には、話の内容以外のことがクローズアップされるのを避けることが大事だ。

これは、話の内容を伝えることと同程度に重要である。

話の内容から注意をそいでしまうもののことは、ディストラクタ（妨害刺激）と呼ばれている。

認知心理学の研究では、注意のまばたきattentional blinkという現象が知られている。注意のまばたきとは、本来見せたい対象（ターゲット）の直前に別の刺激を挿入すると、対象が見えなくなるという現象である。当然と言えば当然だが、先に来たものに注意資源が占有されてしまい、後に来たものまで見ていられないのだ。

注意のまばたきの研究では、ディストラクタが特に感情的な反応を引き起こすようなものであると、妨害効果が大きくなることが知られている。

話の場面でのディストラクタには、腕時計やアクセサリなどの光物が挙げられる。話のプロフェッショナルである噺家は、ディストラクタをかなり意識的に避けている。たとえば、高座に上がる時には、腕時計や指輪をしない。光を反射するものは、照明に当たってちらちらと目についてしまうので、あらかじめ取り外しておくのだ。

噺家が髪を小ざっぱりと整え、着物を着ているのもこのためだ。様々な人物を演じるため、なにか特定のキャラクターを示唆するような服を着ない。

そうは言っても、アクセサリなどは身だしなみとして欠かすことはできないという方もいるだろう。実際のところ、話をする場というのは、言わばハレの日であることが多いのも事実だ。日常とは異なる身だしなみが必要になる。

そんな時ではあっても、話をする場面ではアクセサリ類をあまり光を反射しない素材に変える工夫はできる。

とりわけダイヤなどに施されるブリリアントカットは、その名の通り光るようにカットしたものだ。シンチレーション（表面のチカチカ）よりも強力なブリリアンシ（白色反射光）を発する。話をする時には避けた方がよい。

プレゼンテーション・ショーであるＴＥＤ（Technology Entertainment Design）の講演などの映像を見てみると、ネックレスなどをしている人はほぼいない。ピアスも真珠やガラス球にしているようだ。参考にしてほしい。

舞台へ上がる時、舞台から下りる時の工夫

聞き手は話し手が舞台に上がって下りていくまで、話し手のことを見ている。見えのコントロールも舞台に上がる時から始まる。

舞台への上がり下がりでの見えのコントロールについても、やはり噺家の振る舞いが参考になる。気づきにくいことだが、同じ噺家であっても、寄席での出演の順番によって実は高座への上がり方と下り方を変えている。

主任《とり》（番組最後の出番）として出演する時には、その日のプログラムを締めくくるべく、基本的には上半身は正立してゆったりとした歩調で出る。

その日の寄席の客は、言うなれば主任を見にきているので、高座の上がり方もこれを基調として噺家なりの特徴を加えるのが普通だ。明るい芸ならにぎやかに、いぶし銀なら落ち着いた様子で高座に上がる。

それに対して、主任の直前に出てくる「ヒザガワリ」と呼ばれる出番の時には、背を少し丸めやや早足で出てきて、迷いなく座布団にすっと座る。余計なことはしない。

それが、番組全体で観客を楽しませようとする寄席文化における暗黙の了解である。

もちろん、すべての噺家がそうではないとの反論もあろう。だが、見えのコントロールをしない（できない）噺家はまだその程度の実力なのだ、とご理解いただくのが正しいと著者には思われる。

舞台へのよい上がり方は、状況によって異なるので少し注意が必要である。すぐに話し始める場合もあれば、話し手について紹介がある場合もある。また、複数の話し手がいて、順番を舞台上で待っていなければならない場合もある。

どんな場合にも共通して言えることは、自分のために話す時間がきちんと用意されているということだ。だから、ここでどんな状況に直面しても慌てないでほしい。

私たちの目標は上手く話すことではない。適切に話すことだ。自分の時間を自分の話に使うことができれば、それで常に必要十分なのだ。

だから、なにか言わなくてはいけないと焦らなくていい。また、前の出番の人や後の出番の人に、必要以上に気を遣う必要はない。

話の初心者であることを自覚して、落ち着いて自分が話に集中できるようにして、それから、観客からの見えをコントロールしよう。

姿勢はよいか、聞き手の顔は見えているか、そして、一番後ろまで届く声は出ているだろうか。

慣れないうちは、これらのことを話の途中でも気にした方がよい。慣れてくれば、あまり意識しなくてもできるようになるので、最初だけは必ずチェックして、あとは身体の力を抜こう。自然体で見えがコントロールできる。

舞台から下りる時にも工夫が必要である。とても大事なのは、その最後の一瞬まで話し手だということだ。意識を途切らすことなく舞台袖にはける。

特に話を失敗してしまったと思った時こそ、自信があるように普段よりもゆったりと下りていった方がいい。あまり慌てて下りようとすると、話が終わって舞台から下りるのではなく、悪いことをして逃げ帰っているような印象を与えてしまう。

これはなにも極端に難しいことはない。音感のある人なら、ゆったりとしたペースの音楽を自分で決めておき、その退場曲に乗って帰っていくつもりでやればよい。好きな芸人がいれば、その人ならどんなふうに舞台を下りるかイメージして、それを真似ればよい。ここに記した以外にも、自分の見えを適切に調整する自分なりの解決方法があるはずだ。

笑顔を作ると楽しくなる！

本書を手に取るような話の初心者は、表情を作るということが得意ではないかもしれない。それで全く問題ない。ここでの目的は適切に話すことにあるからだ。

問題があるとすれば、本来伝えるべき話の内容が伝わらないという場合である。

たとえば、それには緊張感が伝わる時などがあてはまる。話し手の緊張感は聞き手の緊張感を誘う。場に漂う緊張感で、なんとなく話が耳に入ってこないということはよくある。

ここでは、表情を作ることに慣れていないあなたが多少緊張感を和らげるための創造的な解決の案として、表情をコントロールする方法を論じよう。

ここでは笑顔を作ることが目的ではない。聞き手から見て、話し手がなんとなく楽しそうな表情だと、知らず知らず感じさせる術である。

考えなくてもそうできる人や営業担当者は笑顔を作れというかもしれないが、心から笑っていない笑顔はすぐにわかってしまうものだ。

これには生理的な原因がある。

きちんとした笑顔、すなわち快感情を伴ったデュシェンヌ型笑顔では、眼輪筋がくっと動く。眼輪筋は、収縮すると目尻に「カラスの足跡」を作る筋肉のことだ。デュシェンヌ型笑顔ができている時の眼輪筋の動きは、自分の意思では動かせない不随意なものである。

つまり、無理に笑顔を作ろうとすると、眼輪筋が動かない、非デュシェンヌ型笑顔ができる。結果として、作り笑顔になってしまうのだ。口角だけが上がって目が笑っていない、不安定で不穏な作り笑いだ。

これに対して、なんとなく笑っているような印象を与えるのには、頰の筋肉を意識する方法がある。

頰を動かす大頰《だいきよう》骨筋と呼ばれる筋肉は、普段から意識しないとさほど上がらない。試しに割りばしの先を歯だけでくわえ、割りばしが唇に触れないように保持してみよう。その時に上がる頰の筋肉が大頰骨筋だ。この筋肉を指で触れてどこにあるのかを確認してから、割りばしを取り除く。これで筋肉を使っている感覚を意識できるはずだ。話をする時には、頰の筋肉を意識して上げる。なんとなく笑っているように見えをコントロールするためだ。

この表情の作り方には理論的な根拠がある。

人間の感情のシステムはよくできていて、顔面フィードバックという仕組みが組みこまれている。

通常、私たちは感情が生起して、それが表情になると考えている。もちろんその通りだ。だが、この感情から表情へのルートは、一方通行ではないということもまた事実だ。実は、表情を操作することで感情状態が変化する逆のルートも存在するのだ。

フリッツ・シュトラックらが行った古典的な研究（一九八八）では、今説明した割りばしのくわえ方で参加者にフェルトペンをくわえさせ、漫画のおもしろさを評定させた。すると、実験参加者はなにもくわえない場合や唇だけでペンを保持する場合に比べて、漫画がおもしろいと回答した。

つまり、笑顔になる時の筋肉を使うと、楽しくなってしまうのだ。

話術におけるこの方法のポイントは、表面的な表情を操作することを目指してはいないということだ。顔面フィードバックという自動的なメカニズムに乗っかることによって、実際に楽しい感情状態に至ることを目指している。

こうして内側が楽しくなれば、話をしている時も自然と楽しそうに見えるというのが狙いだ。人間の特性を活かす、一段踏みこんだ話術である。

話を聞いていられないものにする二つの癖

話をしている最中に話し方自体がディストラクタとして働くものがある。主要なものとして、ラフ・スピークと半疑問形が挙げられる。この二つがなによりも問題なのは、話し手本人がほとんど気づいていないというところである。

これは話に壊滅的な被害をもたらす。

もし、自分がそうしていると気づいた読者は、矯正《きょうせい》する練習がかなり必要になることを覚えておいてほしい。

当然ながら、笑い声は通常聞き手が上げるものだ。なにかおもしろいと思うことがあって、それに反応して起こる。ところが、話し手が笑い声に似た発声をしながら話すことがある。

それがラフ・スピークだ。自身の発言に対して自分で笑っているような印象を与える。言葉では説明しにくいが、ラフ・スピークを伴う話し方では、笑い声の拍（「ハッハッハ」という短い発声）が入るたびにそこだけ声が高くなり、大変聞き取りづらくなる。

明るくて楽しい印象を与えるのは事実だが、笑い声の拍に邪魔されて、話の伝達効率はかなり低くなる。

ラフ・スピークは出る人と出ない人がはっきりしている。また、ラフ・スピークが出やすい人でもそれが話の全体に見られることは少ない。

ラフ・スピークは、話の内容の主観的な評価と関連していて、話し手自身が主張や根拠として弱いと思っている場合に出やすいようだ。また、一般化できない特殊な事例を挙げている時にも出てきやすい。

著者の身近なところでは、大学生や大学院生の研究発表などで頻繁に観察される。

ここからは著者の推測によるところが大きいが、反論が予想される場面であらかじめ話し手は、ラフ・スピークをすることで聞き手から切りこまれるのを回避しようとしているのかもしれない。

そう考えると、話の内容を十分に準備できれば、ラフ・スピークが生じる頻度は下げられると予想できる。

一方の半疑問形は、一時期話題になったので記憶に残っている読者も多いだろう。

半疑問形の話し方では、文節の後半を上げた疑問形のような抑揚が発話に伴う。程度がひどくなると、単語ごとに疑問形のような抑揚がつけられる。

ところが、話している内容自体には疑問が含まれていない。

音韻的な情報と意味的な情報とが整合しないので、聞き手の側で情報処理がしにくくなる。心理学の用語で言えば、認知的不協和が起こる。結果的に聞き手は理解することを諦《あきら》めてしまう場合が多い。

この癖がある人は、初めから最後まで全部その調子で話す。だから、聞き手は一度気になったら最後、おしまいまで抑揚の気持ち悪さしか頭に残らない。内容は聞いていないのとほぼ同じだ。

伝わった内容は皆無だが、聴くのに時間をかけた分だけ、気持ちとしてはむしろマイナスになってしまう。とても恐ろしい。

自分がどれくらい半疑問形で話しているかを知るためには、内容をＩＣレコーダーや携帯電話などで録音しておき、聞き直すしかない。

たとえ自分で気づくことができたとしても、一度ついた癖を修正することはとても難しい。どうしても直らないようなら、話すセリフを書き起こし、音符を振って歌を歌うつもりで語尾を下げよう。

そうすれば、歌を歌っている時だけは抑えることができる。そのメロディが自分のものになれば、意識しなくても抑制できるようになる。

繰り返しになるが、ラフ・スピークも半疑問形の話し方も癖になっていると、別の調子に変えるためにはかなりの練習が必要になる。

一週間から一か月かかると思われるが、それで一生ものの話し方を得ることができると思えばそう悪い話ではない。じっくりと向き合って、直してほしい。

過不足なくただ舞台に立つ

本章では、話術の二つ目の構成要素である観客からの見えをコントロールすることについて論じてきた。見る－見られる関係に立脚した基本となる姿勢や声から、案外気づかないディストラクタまで注意点を述べた。

声や表情が話の内容の伝達手段なのだと考えれば、伝達効率を上げるための努力が有益であることもよく理解できるだろう。

ここでは、その中でも話し手の側で工夫できることに焦点を合わせて論じてきた。話し手と聞き手の関係性に立脚した本格的な話術については、理論編を第七章で、実践編を第八章で扱う。楽しみにしていただきたい。

ようやく話す準備ができた。ここまでくればあと一息だ。いよいよ話術の全体像が把握できる。

本論に戻り、話術の三つ目の要素である、内容を効果的に伝える面についてみていこう。

第四章　効果的に話す

話術の三つ目の構成要素は、話の内容を効果的に伝えるということだ。話の効率性を高めるためには、人が話を聞きながら、物事をどのように理解し、納得するのかを前もって知っていると便利だ。

そこで登場するのが、第一章で紹介した認知科学だ。認知科学は、人の知性を研究する学問分野なので、人の理解についての知見をもたらしてくれるのだ。

ここまでも、実は認知科学や心理学の知見をふんだんに活用してきたが、ここではじめて表立って論じることになる。

ここからは認知科学という学問が耳慣れない読者もいることを見越して、認知科学の歴史や研究の背景などにも多少触れながら論じていく。話術について学びながら、認知科学という学問領域の雰囲気も少しでも感じていただければ嬉《うれ》しい。

この章では、まずは話を最もシンプルにテキストとして捉えてみていく。つまり、人が文章をどのように理解するのかをみていくことになる。

ここでわかる人の特性を踏まえて、話を組み立てる際の基本的な設計思想を身につけていこう。

情報のまとまり＝チャンクを作る

人は一度にあまり多くのことを覚えておいたり、理解したりすることはできない。すぐに情報が限界容量を超えてしまう。

たとえば、飲食店でアルバイトを始めたばかりの人のことを考えてみよう。一度にたくさんの注文を受けると最初の二つ三つくらいは覚えていられるが、あとは覚えていないということはよくある。

ところが、いざ自分が話す時には、情報量についてあまり自覚していない。

たとえば、話すための準備に余念がなくいろいろと調べた時などは、知っている情報をたくさん使いたくなって、つい情報量が多くなりすぎることがある。

だが、話を聞く人は、その人がどんなに優秀な人でも、はじめて聞く単語が四つを超えると聞く気を失う。

情報量だけが増えても、内容の理解は右肩上がりにはならないのだ。だから、情報の大部分は捨ててしまってもよいというくらいに考えて、ぜいたくに使おう。知っていることをみっちり最後まで使う情報貧乏になってはいけない。

ほとんどの場合には、情報量が多くなればなるほど、整理できない情報も増えてしまう。

心理学者ジョージ・ミラーは、多くの先行研究を調べ、どの研究の知見からも、人が一度に覚えられるのは六〜七項目程度までであることを指摘し、マジックナンバー7±2と名づけて発表した。

これは、一九五六年九月一一日のことで、この日が認知科学の誕生日だと言われている。おもしろいことに、情報処理の容量は、一度に記憶できるものの数だけではなく、数の把握、事柄の把握などにも共通している。

たとえば、小銭を机にばらっと置いた時、六個くらいまでは正確に把握できる。しかし、八個あたりからあやしくなる。

だから、話す内容の情報量が増えてしまう時には、いくつかの情報をまとめることを考えよう。ミラーが指摘したように、人がぱっと把握して、しばらく保持しておける情報の数は高々六〜七項目程度だ。ところが、関連のある二〜三項目の情報をひとまとまりにできれば、覚えていられる量は格段に上がる。

情報のまとまりのことを認知科学では、チャンクと呼んでいる。チャンクというのは普通、チーズや肉などがぼてっとひとかたまりになっている状態を指す英語である。スラングでは、ぽっちゃりしたお腹の肉もチャンクと呼ぶようだ。だから、二〜三項目をひとまとめにするのはチャンキングである。日本語のニュアンスで言えば、「チャンクる」という感じだ。

これを作ってしまえば、高々七個ほどしか覚えられないところを、七チャンクくらいまで覚えられるようになる。

つまり、多く見積もって二〇項目以上も覚えられるようになるということだ。

だから、話の内容に本当に関係するかどうかを考え、どの事柄とどの事柄はチャンクに整理できるかを考えて話の準備をしよう。

ステレオタイプに注意する

情報を理解する時に用いられる暗黙の思いこみが、ステレオタイプである。たとえば、次の文章はある研究者が、ふと思い立って研究室に急いで戻った様子を描写したものだ。

「実験室に入ると、白衣を着てすぐにマウスのゲージに近づいた。彼女は、一匹のマウスを取りあげると……」

眼球運動を計測してみると、多くの読者が「彼女は」の部分で下から上に（元の実験では英文なので、右から左へ）視線を戻すことが知られている。

読者が暗黙の裡《うち》に、研究者を男性だと思って読んでしまっているため、整合しない情報が出てくると、情報を再び取り入れようとしていることが示唆される。

マウスを扱う研究者には女性もかなり多い点には、注意していただきたい。それでも、ステレオタイプが頑健に存在しているということをこの結果は示している。

このようなミスリードを生む可能性があるにもかかわらず、人の最初の判断にはデフォルト（既定値）が用いられる。

それは、デフォルトが最ももっともらしいからにほかならない。これは言葉遊びや冗談ではなく、コストの問題である。

人の脳の仕組みはよくできたもので、多くの場合に認知的なコストをできるだけ倹約するものが選ばれる。それは、シャボン液がエネルギーの損失を最小にするために球を形作るのに似ている。高いところから低いところへ水が流れるように、特に断りがなければ、目的地へとつないでくれる既知の最短経路を行くのだ。

このような仕組みが働いているので、多くの人が最初に思い浮かべる状況と違うことを説明しようとする時には、話を始める前に、そのことをまず断っておくとよい。

また、ステレオタイプはすぐには変容しないので、違う状況であることは一度言えばおしまいというのではなく、必ず繰り返し言うことも忘れてはいけない。

非常に便利なスキーマの働き

人の知性を描き出す代表的な考え方に、スキーマ schema というものがある。スキーマとは知識のまとまりのことである。

たとえば、「鳥」について私たちはなにを知っているだろうか。

羽があり、くちばしがあり、だいたい空を飛ぶ。地味なところで言えば、爪《つめ》があり、足には鱗《うろこ》がある。恒温動物だという知識も持っているかもしれない。

ここからわかるのは、鳥についての知識は一つひとつが独立にあるのではなく、互いに関係しあって頭の中に保持されているということだ。

これを鳥スキーマと名づけていいことにしよう。

すると、私たちはいろんな○○スキーマを持っていることがわかる。自動車スキーマに学校スキーマ、いろいろとあるだろう。落語なら、だいたい親から勘当される若旦那スキーマ、なんていうものも考えることができる。

スキーマは、知識のまとまりなので、それが助けになって理解が一気に進むということがよくある。たとえば、私たちには日本の学校スキーマがあるので、アニメの学園モノを見た時、学年の違いや教師と生徒の典型的な関係といった事柄をすぐに把握できる。だからこそ、そのアニメのなにがドラマチックなのかを理解できる。

話の急展開に驚いたり、登場人物の振る舞いに共感したりできるのも、スキーマのおかげなのだ。

だが、その裏返しとして、どのスキーマを使えばいいのか全くわからない場合には、一から一〇までなんのことかわからないということも起こる。

不思議な事態だ。言葉として一つひとつの単語の意味はわかるのに、文全体としてなにを説明しているのかわからない。

たとえば、次の文章はなんのことだろうか。


動いていく先は右でも左でもいい。場合によっては、人が入れないところで起こる。風に注意を払わなくてはならない。撥ねたり動いたりして動き続けていても、地面についたら終わりである。人に捕まって終わることもある。


これは、野球のファールボールのことを描写している。

このような、スキーマが理解を助ける働きについての研究は、ジョン・ブランスフォードとマルシア・ジョンソンが洗濯の手順を例に論じたことに端を発している（一九七二）。

この例も、ファールボールのことだとわかれば、一つひとつの文章がなにを意味しているのかもすぐにわかる。ところが、さきほど実感したように、これがなんのことなのか説明されていないと、読者には文章がなにを意味しているのかわからない。

簡単に言えば、個別の情報をまとめあげたもので、理解するために必要な、一連の少し抽象化された知識がスキーマだ。実用的な面を強調するなら、話の内容を伝える時に、スキーマの働きを使うと効果的であることがよくある。

内容を仔細《しさい》に説明しなくても、「ほら、ファールボールのことですよ」と一言言えば、それで十分に伝わるからだ。

非常に便利だ。

だがこれは、同時に誤解を招くおそれがあることは知っておこう。それは、人はスキーマに沿って理解するので、話し手と聞き手とのあいだで使っているスキーマの内容が異なる時、必ず誤解を生じるということだ。

コントのネタのようだが、一人が政治家のつもりで「先生」と使い、もう一人が教師のつもりで「先生」と使ったとしよう。それぞれ政治家スキーマと教師スキーマが活性化されて、互いに誤解してしまうことになる。さらにもう一人が医者のつもりで「先生」と使ったら、もう収拾がつかなくなるのが想像できる。

スキーマの働きがよくわかる落語に『勘定板』という噺がある。

ある海辺の村では、板切れを紐で杭《くい》につなぎとめておき、便所として使っていた。潮が満ちると板もその上のものも流されるが、潮が引くと板は、紐があるので砂浜に残る。村人はこの板のことを「勘定板」と呼び、用を足すことを「勘定をぶつ」と言っていた。

ある日、この村の者が都会へ旅行に出かけた。「勘定をぶちたくなった」と言われた宿屋の番頭は、機転を利かしたつもりでそろばんを出すが……話がかみ合わず、さあ大変という噺だ。

このような混乱は、スキーマ自体というよりも、使用しているスキーマのずれに起因している。だから、はじめてのところで話す時や普段とは異なる分野で話す時には、スキーマがずれていないか、話で使う用語が意図した意味で受け取られているかに注意しよう。

都都逸《どどいつ》とメンタル・モデル

話の内容を構成する上で役に立つもう一つの考え方にメンタル・モデル mental model というものがある。

モデルというくらいだから、実際のモノとは別にある模型だ。簡単に言えば、心の中に抱く像のことである。

なぜこれが話の構成に役立つかと言えば、人が話を理解する時、実際のモノを直接把握するということはごく稀《まれ》で、ほぼすべての場合において、心にモデルとしての像を組み立てようとするからである。

この説明だけでは具体的にはイメージしにくいだろう。メンタル・モデルとはどのようなものかを理解するために、次の例を見てみよう。落語のマクラでもよく出てくる、有名な都都逸だ。

「仇《あだ》な立膝《たてひざ》　鬢《びん》掻《か》き揚げて　忘れしゃんすな今のこと」

大変野暮なことだと知りながら、説明を加えてみる。

この都都逸では、すべての描写は文字で表されているにもかかわらず、ごく映像的な（動きを伴った）視覚イメージを喚起する。そこにこの都都逸の巧《うま》さが光っている。

「仇な立膝」という言葉で連想されるのは、もちろん艶《つや》っぽい女性だ。しかも立膝をする裾《すそ》は乱れて、すでに夜半過ぎなのだということが感じられる。

映像の比喩で言えば、カメラのアングルは畳くらいの低い位置から女性の艶《あで》やかな立膝を捉えて離さず、ゆっくりと上がっていく。と、見えてくるのは、髷（結いあげた耳際の髪）の隙間から見える白い肌。

まなざしは流れて、うなじと指から逃れた後れ毛の動き、そして、髷を掻き揚げて結おうとする女性の面差《おもざ》しへと移る。そうして、女性がふと視線に気づいて寄こした流し目に、こちらの視線が合って、女性は「どうぞ今のことをお忘れにならぬよう」と里詞《さとことば》で念を押す。目元が少し笑ったようにも見える。

誰もなにも語っていないのに、そこにはすでに二人の仲が読み取れる。

この都都逸では、書いてあるのは文字だけで、しかも詳しい状況はすべて捨象されている。それにもかかわらず、私たちはあたかもその場に居合わせたかのように、あるいは、その映像を見たかのように、詳細までイメージすることができる。これを可能にするのがメンタル・モデルである。

私たちが文章を読む時には、文章それ自体についてだけではなく、状況についての表象を抱いている。今、挙げた都都逸の例のように「その場の状況」全体のことをメンタル・モデルと呼んでいる。

定義めいた言い方をすれば、メンタル・モデルとは、読み手（聞き手）が文章を読んだ際に心に抱く、文章中に記述された対象や出来事についての表象のことである。ここで表象と言っていることには、人物の容貌《ようぼう》や部屋の設えといった物事のイメージだけではなく、人物どうしの関係性や手順といったものも含まれている。

少し堅い表現で言えば、メンタル・モデルは、人物やその目的や動機、時間や空間、因果性といった側面をすべて包含するものだ。要するに、ある状況の中でどんなことが起こっているのかについて、心の中で抱く事柄のすべてと言い換えることができる。

メンタル・モデルは、フィリップ・N・ジョンソン＝レアードが、認知革命と呼ばれた時代の流れの中で、一九七九年の第一回認知科学会会議において発表したものだ。

カリフォルニア大学サンディエゴ校で開催されたこの会議の招待論文は、今でも『認知科学の展望』（ドナルド・A・ノーマン編著、佐伯胖監訳、産業図書、一九八四）で読むことができる。

メンタル・モデルは、理解する内容が物語である場合には、状況モデル situation model と呼ばれることもある。しかしながら、話の内容として伝えるべき事柄には、機械

言い方をしよう。の仕組みや物事の関係性なども含まれるので、本書では一貫してメンタル・モデルという

更新されるメンタル・モデル

メンタル・モデルは、現在の状況を理解するのを助け、次の展開を予期するために使われている。実際、先の都都逸の例では、語が順に映画のカット割りのような役割を果たし、しかもそれが効果的なので、ごく短い文句（七・七・七・五）の中に時間帯や空間の広がり、さらにはその場にいる人どうしの関係性まで読み取れる。

ところが、メンタル・モデルは、状況を理解するためのあくまで一時的な模型に過ぎない。言い換えれば、新たな情報が付け加えられることで更新されていくという性質を持っている。

そのことがよくわかる都都逸が、次のものである。

「明けの鐘　ゴンと鳴る頃三日月形の　櫛《くし》が落ちてる四畳半」

端《はな》の「明けの鐘　ゴンと鳴る頃」と言うからには、明け六つの鐘（午前六時頃に刻を知ら

せる鐘）が鳴ったのだろう。次第に夜が明けてこようとしている。そこで、「三日月」とくれば、朝になろうとしている空に三日月が覗いていると思わせる。

だが、そこから急転して、「三日月形の」となる。この意外な展開は、読み手（聞き手）に三日月形のものはなんだろう、と強く思わせる。それを受けて、「櫛が落ちてる」という この語がメンタル・モデルを一瞬にして更新する。

そう、これは仄暗《ほのぐら》い家の外の様子ではなかったのだ。

メンタル・モデルが更新された結果、薄暗い部屋の中の様子が一気にフォーカスされる。しかも、櫛が落ちているのは「四畳半」だ。そこでなにがあったのかは推して知るべし、というものだ。

この都都逸の秀逸なところは、遠景を描いて、家の外の様子に気を持たせ、それに対応したメンタル・モデルを作らせたことだ。

それを「形の櫛」とつなぐことで全く別の、それでいて粋な解釈ができる新しいメンタル・モデルへと一気に更新してしまう。これは非常に映像的であり、思わずうならせる作りになっている。

とは言っても、メンタル・モデルは必ずしも映像的なものでなくてもよい。実際的に言えば、内容理解のためには、単純にテキストの表象だけでも十分である場合も多い。

知識がない人に合わせる理由

どの分野でも、ある程度経験を積んだ人なら「一聞けば十わかる」ということがある。たとえば、植木屋なら植木屋、大工なら大工といったそれぞれの分野の専門知識は、領域知識 domain knowledge と呼ばれている。

この領域知識が豊富にあれば、部分的な情報しか得られなくても、現実に起こりうる整合性の高いモデルを持つことができる。

だから、ほんの一部分について聞いただけでも理解できる。

大工は鉋屑《かんなくず》一つ見るだけで鉋をかけた職人の腕がわかる。寄席の常連で、見巧者の客は噺家の高座に上がるその所作一つを見るだけで巧い拙いがわかるという。

こういった感覚が生じるのも、メンタル・モデルの働きによる。

詳細が省略されていても、メンタル・モデルの働きによってあいだの情報が補われて、多くのことを推測できるからだ。

話について考える導入として、まず一対一の関係での会話について考えてみよう。会話の場合にも、多くの情報を省略しても話が通じることがある。

たとえば、次の心理学を専攻する学生二人の会話はどういう意味だろうか。ただし、これは情報を省略した場合の例を示している。読者にとっては話が通じない例になっているはずだ。だから、ここでは内容は把握できなくても構わない。単に二人で会話が成立していることだけがわかればいい。

先輩「結果は？」
後輩「いえ。全然」
先輩「天井だからじゃない？」
後輩「そうですね。でも平均は、5件で3くらいなので、違うと思います」
先輩「そうか、じゃあｓｄは？」
後輩「あ、そうですね。だいたい1・5くらいあります」

先輩「え？　そりゃあ出なくて当然だよ」

これは、学生どうしが統計解析の結果について話しあっているところを描いたものだ。素人が聞いてもなにを言っているかさっぱりだが、同じ分野の知識を持っている者であれば、十分に理解できる。

ちなみに、意味としては次のようなものだ。統計解析の結果として平均値に差がみられなかったことについて、先輩は全体の平均値が高すぎること（天井効果）を指摘したが、後輩は5件尺度（最大値が5の物差し）で測った時に3だったと答え、その可能性は低いと述べている。

結果を解釈しうる別の可能性として、先輩はばらつきを示す指標であるｓｄ（標準偏差）の大きさが影響していると考えてその値を尋ねた。すると、実際にかなり大きいので、それを聞いた先輩は、平均値に差が出なくても当然だよ、と断じている。

この例は、十分に前提条件や知識を共有している者どうしなら、かなりの部分を省略しても話は通じてしまうということを示している。

一方で、このことは危険もはらんでいる。それは、もし相手に十分な知識がなかったり、前提条件が共有されていない場合、省略によって意図したことが全く伝わらなくなってしまうという可能性があるからだ。

さきほどの学生二人の会話も、一方が統計解析の知識を持っているが、もう一方がそうでない場合には、次のようなやりとりになるはずだ。

先輩「結果は？」
後輩「なんの結果ですか？」
先輩「あなたがやった実験の結果だよ」
後輩「あ、ああ、分析しました」
先輩「それはわかってる。分析の結果を聞いているの」
後輩「あ、そうですね。えっと、tというところをみればいいんですか？」
先輩「そこもだけど、まずは、検定の結果を教えて」
後輩「検定？　あの、漢字検定なら合格しましたけど……」

先輩「おいおい、今はt検定の話をしてるだろ！」

この例が示しているのは、ある話題について話しているという共通理解があっても、共通の知識が欠如すると、それぞれが異なるメンタル・モデルに基づいて話してしまい、話が通じないことがあるということだ。

結果的にパラレルワールドで展開する漫才のネタのようなおかしな会話になってしまう。話をする場面でも、話し手は聞き手に領域知識があるつもりで話し始めてしまうことが多い。ところが、そうすると、先輩と後輩の例のように、知識がない人にとっては全く意味不明になってしまうのだ。

この教訓が教えているのは、話を構成する際には、必ず聞き手の領域知識の範囲をリサーチすべきだということだ。

最も安全なのは、知識がない人に合わせるという方略である。中学生でもわかるような知識や語彙《ごい》を使って話すことができないか、考えてみよう。

比喩とアナロジーを使いこなす

なにか少しでも知っていることであれば、それを頼りに理解していくことはできる。だが、今の統計の会話の、最初の例のように、全くなんのとっかかりもない場合には、きわめて理解が難しい。

こういった領域知識がない相手に対しても、なんとなく理解したつもりになってもらうために大変便利な話の手段に比喩がある。

「あの人は太陽みたいな人だ」と言えば、なにか明るくて元気なんだろうということがわかる。ところが、その人のどの側面をどう指してその比喩を言っているのかはついぞ明かされることはない。その部分の明確な関係性は不明なままだ。

だから比喩は便利なのだ。だが、同時にそのあいまいさから誤解も生まれる。

「あの人は天女のようだ」と言えば、美しさをほめたのか、なんだかふわふわしていると言っているのか、はたまた羽衣を盗まれるドジな人だと言っているのかわからない。

聞いている方で勝手に解釈をして理解してくれるし、同時に誤解もしてくれる。

だから、話の内容を効果的に伝えるためには、次のことを心がけよう。

それは、話の導入部では比喩を使ったとしても、話の過程でどんなことを言いたかったのか説明を加えるということだ。これは、聞き手のメンタル・モデルを精緻化していくためだ。

あいまいにしておくことも時には大事だが、話者の責任として時に明確な説明が求められる場合があることは忘れないようにしたい。

予備知識がないものを理解してもらうもう一つの手段に、アナロジーがある。

アナロジーは、日本語で言えば比喩と同じだと感じるかもしれないが、認知科学ではもっと厳密で狭い意味で用いられている。

アナロジーとは、すでに知っている物事の関係性を援用して、新しい事柄を理解するための方法である。

たとえば、原子の核と電子の関係を説明する時に、太陽とその周囲を回る惑星のことを引き合いに出す。すると、中心があってその周囲を回転するという構造を理解することができる。

アナロジーのいいところは、納得感が非常に高くなるということだ。なにせ自分がすでに知っていることをあてはめればいいのだから、とてもよくわかった気がする。

アナロジーでは、すでに知っていることをベース base、新しく理解する事柄をターゲット target と呼んでいる。一言で言えば、ベースから類似点を抽出して、ターゲットに写像 mapping するのがアナロジーの過程だ。

だから、アナロジーが上手くいくためには、少なくとも聞き手にベースとなる知識があること、話し手が上手く類似点を抽出できること、そして、話に基づいて聞き手がしかるべきターゲットに写像することが必要になる。

このどれが欠けてもアナロジーは失敗する。

たとえば、先ほどの例で言えば、太陽系のことをあまりよく知らない場合はベースがないということだ。

また、しかるべきところに写像するというのは案外難しくて、太陽系にはたくさんの惑星があることに気を取られると、原子には電子が何層にもわたって存在していると勘違いしてしまうだろう。

アナロジーの欠点は、たとえ間違った理解（誤解）であっても、納得感が非常に高くなってしまうということだ。

実際の話の状況では、上手く機会を作ることは難しいが、聞き手のイメージするモデルが適切なものかどうかを確かめるに越したことはない。

わかるということ（メンタル・モデルの構築と再構築）

ここまでで人は、処理できる情報量には限界があり、いくつかのことを同時に行うのは苦手だということがわかった。また、そんな状況にも対応できるよう、人は情報処理を簡潔にするステレオタイプやスキーマを活用することがわかった。

さらに、メンタル・モデルについては、重要な三つの特徴が明らかになった。

一つ目に、人は文章に書かれていることだけをべたっと理解するのではなく、それにプラスしてその状況についてのモデルを抱いている。二つ目に、メンタル・モデルは追加された情報によって随時更新されている。三つ目に、メンタル・モデルは時に誤解を生むが、それ以上に理解を助ける働きをしている。

比喩やアナロジーは、特に三つ目の特徴を反映したものだ。

認知科学の観点から結論すれば、効果的に話をするというのは、相手に適切なメンタル・モデルを持ってもらうということだ。

言い換えれば、話が通じるというのは、単にテキストの意味がわかるということではない。時間に沿って新たに情報が加わり、その情報がメンタル・モデルにきちんと位置づけられるということだ。聞き手の立場から言えば、メンタル・モデルを構築し、情報が収まるべきところに収まって納得するということである。

だからもし、話の内容がすでに相手が持っているモデルに上手く合うなら、知識のまとまりであるスキーマを思い出させたり、ちょっと情報を足したりすれば話は通る。

だが、そうでなければ、相手のメンタル・モデルを更新するところから始めなければならない。このためにはかなりの工夫が必要だ。関係性を図示したり、アナロジーを使って異なるモデルを想起してもらうことが大事になる。

一つ見落としがちなのは、聞き手のメンタル・モデルを更新するということは、事前に準備する段階で「十分だろう」と思っていた内容を変えるということだ。だから、話し手が自分の中で想定したメンタル・モデルを更新することも同時に求められている。

断言しよう。適切に話をするということは、しゃべりが上手いということと同じではない。

適切に話せるというのは、相手や状況に応じて聞き手のメンタル・モデルを柔軟に再構築できるということなのである。

単なる情報伝達ではなくメンタル・モデルの構築を目指す

話術の三つ目の構成要素である、「効果的に話す」ということは、単に情報を提供することにとどまらない。

相手が持っているメンタル・モデルを想定し、それに沿う形で話をしていくということだ。もちろん、その前提には、話術の一つ目の構成要素である観客の反応を感じ取ること、そして、二つ目の構成要素である観客からの見えをコントロールすることがある。

次章では、舞台に立つ前にどのような観点に注意して話を構成していくべきかを論じる。

話す機会が多くなると、これらは案外忘れがちな側面なので、そういう読者ほど気をつけて読んでいただきたい。

第五章　舞台に立つ前に作る話の構造

話す行為のヴァリエーション

話す行為には、一人の話し手が多くの聞き手の前で話す一対多の状況にだけ限定しても、かなり多くのヴァリエーションが考えられる。

多くの人が経験するのは、説明する場面である。それに対して、プレゼンテーションでは、単なる説明というよりは、説得という側面が強くなる。説得には説得の理論があるので、この章の後半で各論として触れよう。

また、一部の人は教員や講師として教育のために話すということもある。教育では、多くの場合、知っている者（教員や講師）が知らない者（児童・生徒や学生）に向けて話すことになる。この場合には、通常の説明では不十分である。はじめて出てくる語句の繰り返しが不可欠になり、メンタル・モデルの構築から行っていかなければならない。

一口に「話す行為」と言っても、多様なものがあるため、読者はこの章を読む際には、自分の場合に置き換えて、適切に読み替えていただきたい。

なにを目指して話すのか

話には目的がある。すべてに共通する側面を抜き出せば、内容を伝えることだ。より細かく言えば、内容を説明したいとか、内容を使って感動させたい、話すことで自分（話し手）に関心を持ってもらいたい、といったものが考えられる。

そのほかにも、相手が学生なら、教科の内容についてイメージを膨らませて、自分の思考として定着させてもらいたいという場合もある（少なくとも本書の射程の範囲には、相手との親密さを確認する愛撫《あいぶ》のような発話や、相手をテリトリーに入れないようにする威嚇のような発声は含まれていない）。

重要なことは、それぞれの話の目的によって、話すべき内容やその話し方も違ってくるということだ。

たとえば、心躍るプレゼンテーションで感動させる表現には、視覚的なインパクトの方が重要である。また、わくわくする授業で学びを引き起こすためには、思考する時間を保証する一定の冗長性が必要になるだろう。

メンタル・モデルとの関連で言えば、聞き手に基盤となるメンタル・モデルがない場合には一層の注意が必要だ。

たとえば、同じように感動させる場合であっても、詳細を省略して全体のインパクトを強く印象づける時は、勢いやテンポが大切だ。逆に、人情に裏打ちされた悲劇的なモデルを一から作るなら、イメージを広げられるように、細かなエピソードを交えることが有効であろう。こういったところは、映画のつくり方や漫画の描き方とかなり共通している。

どんな状況で話すのか

話す行為が起こるのがどんな状況なのかも、話し方に影響する。研究発表の場なのか、プレゼンテーションの場なのか、それとも単純におもしろい話を聞きたいというだけの場なのか、といったことによって話を違ったものにする必要がある。まずはこれを確認しよう。

状況の変動についていくためには、なにに重点を置くのかを決めておくことが欠かせない。話の狙いは楽しませることなのか、それとも内容を理解してもらうことか。あるいは、感動させることか。なにを目指して話すのかを意識することが、どう話すのが最適なのかを決定づける。

だから、一応の目当て（目安）として、今日どんな場で話すのかを想定しておこう。そして、会場についたら、それはいつ捨ててもいい覚悟でその場に臨めばいい。状況が想定通りならそれに越したことはないし、もし別の状況が生じているようなら、覚悟をしている分、比較的落ち着いて対処できる。

話すことを生業にしていない多くの読者は意外と忘れがちだが、話を構成する前提として、どこまで声は届くのか、聞き手から話し手のしぐさや表情は見えるのかといった物理的な側面もかなり大事だ。発表をする時に心身の準備をするのと同じように、環境の準備も欠かすことができない。

若者が年配者と話すのはなぜ厄介か

聞き手が、なにをどんな動機で聞きたいと思っているのかは様々だ。単なる知的好奇心として聞きたいと思っているかもしれない。だが、ほとんどの場合にはもっと複雑だ。たとえば、話題よりも話し手に対して興味があるとか、話し手がどんなふうに世界を見ているのかを知りたくて話を聞きたいと思っていることもあるだろう。また、クイズ王みたいな人が、いつかテレビ番組で出題されるかもしれないから聞いているという場合だって考えられる。

それぞれの理由によって、なにを知りたいのかは微妙に異なっている。

気をつけておきたいのは、自分のメンタル・モデルにはあまり変更を加えようとせず、ただ情報を取り入れたいという聞き手も必ずいることだ。

本人は頑なに拒んでいるわけでもなく、その意識もない。デフォルトの認知的コストがかからない方法を無自覚に選んでいるだけだ。

残念ながら、このような聞き手の割合は、年齢を重ねるほど増えていく。これまでの生活経験の中で正当化された判断の重みが増していくからだ。年配の者は、すでにできあっている社会システムを維持する方向で判断しやすい。簡単に言えば保守的な傾向を示す。最近では、話す行為を諦めた若者たちが、このような年配者に老害というラベルを付けているようだ。

進化心理学の観点からは、年齢を重ねるほどメンタル・モデルの更新が難しくなるのは、文化を固着化し、次の世代に確実に残すためだとも推測されている。仮にそうだとしても、メンタル・モデルの構築にポイントを絞って考えてみると、これは厄介な性質である。

メンタル・モデルの更新が見込めない相手と話す場合、最も真摯《しんし》な対応は、あらかじめ「お考えとは違うところがあるかもしれません」と断りを入れ、従来の見方とは異なる見方をする必要があることをしっかりと述べることだろう。

この方法を用いたとしても、聞き入れられることはほぼないかもしれない。それは、あなたの話していることがすでに相手の枠組みで解釈されている時があるからだ。

こんな時はこざかしく立ち振る舞う必要もある。聞き手の見方を支持しているかのように見せて、新たな見方を滑りこませるという方法だ。話が通じないからと言って、なにも全面対決する必要はない。少しでも聞いてもらえれば、それこそが成果である。

相手に合わせることだけがすべてではない。しかしながら、一つの技法として、聞き手が知りたいと思っていることに寄り添えるようになると、話す時に余裕が生まれる。そうすれば話し手からの伝えたいという思いを超えて、生産的に話が進んでいきやすい。

聞き手との関係性を誘導する

話は、聞く相手がいてはじめて成立する相互行為である。だから、聞く行為から切り離して話す行為だけを定義することは本来できない。

話に影響するのは、話し手と聞き手の関係性である。

わかりやすい例で言えば、語調が「です・ます」になるのか、「だ・である」になるのかが挙げられる。これは、話し手と聞き手とのあいだの関係性に依存しており、同じ話でも聞いた時に大きな印象の違いを生む。

次の例が、もし中高生を相手にした講演での発言だとしたら、話し手と聞き手とのあいだにはどれくらいの距離があると感じるだろうか。

①「中高生は、夢を持ちなさい」
②「君たちは、夢を持ってほしい」
③「我々は、夢を持っている」

④「後輩諸君、夢を持て」

①②の言い方は、距離を取った丁寧な言い方だ。
③は自分を聞き手と同じカテゴリーに入れて距離の近さを演出している。
④は同学という距離の近さを演出しつつ、硬めの表現で一定の距離を保っている。

このように、非常に小さな違いにもかかわらず、言い回しの選択一つで、感じ取られる関係性を大きく違ったものへと導くことができる。

主に用いられるのは一人称、二人称による操作だ。日本語の彩り豊かな部分で、すぐに思いつく一人称だけでも、私、あたし、俺、儂《わし》、小生《しょうせい》、わちき、わっち、おら、などが挙げられる。二人称には、あなた、君、汝《なんじ》、そち、そなた、そもじ、加えて相手の氏名を使ってそのまま呼ぶ方法がある。

プレゼンテーションに備える

ここまで、話のヴァリエーション、目的や状況、聞き手の動機づけを踏まえて話を構成することについて、やや抽象的な説明が続いた。

ここで、どんな意味合いで述べてきたのか理解を深めてもらうためにも、話を事前に構成する時の具体的な事例を示す。次節では社会的なニーズが最も高い場面として、職場でのプレゼンテーションを考えてみよう。

プレゼンテーションは、相手を説得するための理論的な話をする場面である。

話し方のポイントは、わかりやすさだ。理解の基礎にはメンタル・モデルの構築がある。繰り返し述べたように、わかるというのは、聞き手にメンタル・モデルができ、そこに話の内容がきちんと位置づくということだ。

これは、単に新しい情報が与えられるということではない。むしろ、聞き手がすでに持っているものの見方・考え方に上手く合う形式と順序で情報が提供されるということである。

聞き手が、新しい情報を自分の力だけでは位置づけることができない場合には、話し手が物事の関係性を具体的に示すことも役割として求められる。

ここでは、舞台に立つ以前にもできること、やっておいた方がいいことを指摘しよう。

聞き手は主になにが知りたいのか

まず、聞き手はなにを知りたいと思っているのかを明確にしよう。たとえば、新しい商品の企画なら、聞き手はその商品にどんな機能があるのかはもちろん、その商品がどんな場面で使われるのか、従来の製品とはどこが違うのかなどは必ず知りたいと思うだろう。

それに経営者の立場なら、商品化を考えた時、どの年齢層にどれくらいの反響があるのかといった実際的な見込みを知っておきたいということもあるだろう。

なにを当たり前のことを、とおっしゃるかもしれない。だが、聞き手が知りたいことはあくまで状況によって異なるということを忘れてはならない。

極端な例を挙げるなら、たとえば数学者が新たな定理を発表する時、聞き手が知りたいのは数式とその証明だけだ。それ以外の情報は理解の邪魔にしかならない。

この例が示しているのは、聞き手がなにを知りたいのかを明確にするのが大切だということだ。

たとえば、同じ商品であっても、企画のどの段階でのプレゼンテーションなのかによって求められる情報が異なることはよくある。

このことを意識しておくと、メインで話す部分と時間が余った場合や質問があった時に話すサブの部分を区別することができる。

議論の余地があるかどうかも、あらかじめ想定しておいた方がよい。単に報告するというのであれば、それに徹するしかない。だが、議論の余地があるなら、あらかじめ論点を考えておくというのも話し手の役割である。

論点の立て方は主に二つある。一つは、理解を助けるためのもの、もう一つは具体的な解決方法を決めるためのものだ。

前者は、話すだけでは聞き手が十分に理解できないおそれがある時に、質問をしてもらえるように設定する。後者は現状で話し手自身が最終的な結論を下せない場合（あるいは独断できない場合）に、議論を通して意思決定をしてもらえるように設定する。

論点を用意しておくと、突然質問されて壇上でどぎまぎしてしまうリスクを減らすことができる。この意味では、実際には議論に出てこなかったとしても無駄になることはない。

プレゼンテーションを通して関係性を誘導する

自分より目上の人に話す場合、また別の要因が絡んでくる。それは、社会的なパワーの問題だ。決定権が目上の人にある場合、プレゼンテーションによって能力を判断されたり、次の仕事を任されるかどうかが決まったりすることもあるだろう。

こう考え始めると、ただ理解を促すための話し方をしていればいいわけではないと切羽《せっぱ》詰まって考えがちだ。

今、取りうる選択肢には、相手と戦う、相手に従う、相手をヨイショする、いっそのこと逃げ出してしまう、などいろいろなものがある。

それぞれの事情があるとは思うが、著者はこれらの事柄を念頭には置いたとしても、あくまで相手に話を伝えることを中心に据えることを勧めたい。

そうでなければ、話とは無関係に純粋なパワーバランスの問題になる。結果として、相手との関係性は固定され抜け出せなくなってしまう。

だから話を適切に伝えた上で、相手の出方をうかがうつもりで話してはどうだろうか。

そこでは、奇を衒《てら》わず、知も衒わず、シンプルに話をしてほしい。

実践的な教えとしては、中学生が理解できるような単語を使って一つひとつの文章は短く話すのがよい。それが一番伝わりやすく、話し手と聞き手という関係を築きやすい。それに、話がシンプルに済めば、問題としては相手との関係性だけが残ることになる。対処の方法はそこから考えよう。

話す内容を自分が理解する

プレゼンテーションの場面で、相手に応じて適切に話し方を調整するためには、自分自身が話す内容をきちんと把握しておくことが重要になる。

なにを話すのかきちんと理解していれば、時間の制限で短くする時にも大事なところだけ話すことができる。また、質問が来ても、ただ質問に答えればいいのか、質問の裏にある意図を読み取って丁寧に答えればいいのかがわかる。

つまり、話す内容を自分が理解することは、ほかの人に話を理解してもらうための第一歩なのだ。

話す内容は、話の要点とそれを説明するための詳細という観点から分けて考えると、理解しやすい。

「結局のところなにが言いたいのか」と強く言われたりすると、びくっと肝を冷やすが、なんということはない。あらかじめ押さえていた話の要点を答えればいい。

それに対して、どうしてその結論になるのか、などと問われた時には、現状把握をサポートするデータや企画が上手くいく予測の根拠を述べればいい。

もちろん相手の知識量に応じて、どの程度まで詳細に話すかは調整する。相手のメンタル・モデルとプレゼンテーションで提示した情報との関係を意識しよう。

致命的なのは、話し手自身が自分でなにを話そうとしているのか理解していない時だ。準備したつもりでも本番でわからなくなる方は、次のことを試してほしい。

事前の準備としてできるのは、考えを整理するということだ。たとえば、関連していると思う言葉を付箋《ふせん》に書いて、似たものを近くに集めて分類すれば整理ができる。

この時注意してほしいのは、考えをまとめるという方向に行かないことだ。まとめることは難しいし、話の俎上《そじょう》に載せた時にはもう更新しなくてはいけない場合があるからだ。あくまで整理をするという観点でみていこう。

付箋に書いたものが一通り出揃《でそろ》ったところで、主張はなにか、それをサポートするデータや根拠はなにか、と自問自答すると、自分がなにを考えているのかよくわかる。

理論的な話は順序が決まっている

理論的な話の場合、話すべき順序は決まっている。

それは、結論→理由→データ→詳細という順である。

結論から言うことで、聞き手は（不完全であっても）話の大枠をつかむことができる。

全体像がわからないという不毛な時間を避けるために、タイトルと最初の二、三文だけでなにが言いたいのか、その結論を明示しよう。

適切なタイトルと二、三文の説明は、全体がなんの話かを指し示すスキーマとして働き、理解を助けるからだ。これによって少なくとも関連する知識であるスキーマは活性化され、解釈の準備がなされる。

その分野の人なら、ちょっと聞いただけでメンタル・モデルを抱くこともできるだろう。

そうすれば、どうしてそんな結論になるのか理由が知りたくなるというのが人情だ。理由づけをしよう。

ここで、結論に至った理由を簡潔に述べる。もちろんここには理論的なつながりがなくてはいけない。理由とは「なぜ」に対して答える内容のことだ。

理由の部分では、たとえば会社でのプレゼンテーションならマーケットの現状把握や今解決すべき問題としてどんなものがあるのかを説明しよう。具体的には、なにが改善されるから、どこが促進されるから、どのボトルネックが解消されるから、といった内容になるはずだ。

「どんなふうに」とか「いつ」「どこで」といったことに答える内容は、まだ出さなくてもいい。これらは理由に納得した後で、詳細を説明する時にはじめて述べる内容である。

ここでの問題意識が共有できていれば、それからの話はかなり伝わりやすい。

理由を説明する時、主観的な感覚は説得力が弱いことが多い。なんとなく思ったから、というのでは通じない。

客観性を高めるため、具体的なデータを図や表で示そう。図や表で示せないとしたら、まだあなたが理由づけのところをきちんと理解していないからだ。その時には一度聞き手の理解を確かめて、データに進む。

最後に詳細を述べていく。ここまでくれば、問題意識やそれをサポートするデータも理解されているので、話の内容の細かなところに説明を加えていくだけでいい。

この流れで順調にいけば、聞き手から出てくる質問は、どうすれば具体的に実現可能なのか、予備的な調査は行ったのか、工程数はどの程度か、人員や時間のコストは十分にかけられるのか、十分に収益は上げられるのか、といった簡潔に答えられるタイプのものに収束していくはずだ。

このように理想的に進まない場合ももちろんある。

その時にも、結論→理由→データ→詳細の順番を意識していれば、どこで下手なことをしたのかを振り返りやすい。

たとえば、「話がよくわからない」といった場合には、だいたい結論が伝わっていない。

それに対して、「その内容でいいのか」といったざっくりとして答えにくい質問が来る場合には、現状認識が話し手と聞き手とのあいだで異なっている可能性が高い。解決すべきことが共有されていなければ、解決方法がよいのかどうかわからないのは当然だ。

大枠と詳細のバランスを整える

時間的な制約が厳しいプレゼンテーションで気をつけなければならないのは、大枠の話と詳細の話とのバランスである。

小さな部署でやっている定例の会議であれば、大枠や現状認識は共有されているから、そこまでいちいち立ち戻って話をするといらいらされてしまう。

反対に、将来に向けて新たな事業を立ちあげようという時に、込み入ったデータや説明を多くしすぎてしまうと、全体像がわからなくなってしまう。

もし、あなたが現場の方で肌感覚として詳細がわかっていても、それはいったん措《お》いて、大枠の話をするように心がける思いやりを持とう。

現実的には、大枠を示すスライドで一通りの話を作っておき、その一方で質問が出てきたり、理解を補う必要が出てきた場合に備えて、詳細についてもスライドの後に準備しておくという方法がよく用いられる。

もちろん、ここで示したものはあくまで原則であり、順序が入れ替わることもある。

たとえば、その時はじめて公表される驚くべき内容がある場合には、演出として最後まで結論を残す方法もとられる。

だが、これには高い話術が求められる。下手をすれば、なにをしたかったんだと言われかねない。本書を手に取るような方にはあまりお勧めできない方法だ。

情報を整理する

全体と詳細という観点とは別に、プレゼンテーション全体で扱う情報量に気をつけてほしい。情報量は多すぎても少なすぎても理解を阻害する。

ここでいう情報量とは、単純な文字や図表の数ではないことに注意が必要だ。第四章でみたように、情報は関連するものをまとめると、関係性を把握しやすくなる。結果として、多くの情報を把握できるようになる。

だから、情報が盛りこまれすぎていると思ったら、関連しあうものを整理できないか、関連づけて省略したり、図表にすることはできないかを考えよう。

情報量を必要十分にすることは容易ではないが、限られた時間の中でプレゼンテーションすることが求められている以上、これを目指すことが話し手の責任だと自覚しよう。

話をする状況を意識した段取り

本章では、話の事前準備で注意すべきことを述べ、具体的な事例としてプレゼンテーションの場合に限定してやや細かく論じてきた。

どんな状況で誰に対して話すのであっても、話は話し手と聞き手の協力でできあがっている。聞き手がどのような内容をどの程度の詳しさで知りたいと思っているのかを先回りして用意しておくことが、基本的な設計思想だ。

聞き手との関係性を考慮しながら、その場に応じた話を構成することを目標にしよう。

話術では、観客の反応を感じ取り、観客からの見えをコントロールし、その上で準備してきた話の内容を効果的に伝えていかなければならない。

しかし、準備の段階では会場や時間の流れといった現実にある制約は忘れがちだ。

次章では、一歩進めて話の現場に身を置き、準備した内容を話術へと昇華する時の技法をみていこう。

第六章　準備した話の内容から話術の世界へ

時間に沿って構成されるメンタル・モデル

あらかじめ構成された話も、実践を通してはじめて話術となり、人の心に訴えかけるものになる。

先に述べたように、メンタル・モデルには三つの特性があった。

一つ目に、人は文章に書かれていることだけを理解するのではなく、それにプラスしてその状況についてのモデルを抱いている。二つ目に、メンタル・モデルは追加された情報によって随時更新されている。三つ目に、メンタル・モデルは時に誤解を生むが、それ以上に理解を助ける働きをしている。

話の実践を考えた時、ここにもう一つの特性を加えなければならない。

それは、話を聞く時のメンタル・モデルは時間に沿って構成されていくということだ。聞き手は話の流れを追いながら、同時に自分なりの考えを巡らせる。聞き逃したからと言って、その瞬間に巻き戻して聞き直すことはできない。

話術では、この特性を忘れてはいけない。

話で使われる媒体は主に声と動きだ。

聞き手がこれらを情報として受け取ると、ごくわずかな時間だけ頭の中に保持され、すぐに消え去ってしまう。これらは即時記憶と呼ばれている。

だから、聞き手は聴覚刺激、視覚刺激の残像があるうちに、頭の中に一つのモデルを作りあげる必要がある。

つまり、時間に沿って得られた情報からメンタル・モデルを形作り、そして新しい情報を得ることで更新していく。

この観点から言えば、話す時には情報量だけではなく、情報の順序や聞き手の予期がきわめて重要になる。それが上手くいかなければ、聞き手の頭の中に適切なメンタル・モデルを作り出してもらうことができないのは自明だ。

話しことばと書き言葉

話術全体を通して問題になることに、話しことばと書き言葉の違いが挙げられる。

たとえば、本書を読む時には、当然書き言葉としての文章を読んでいる。著者もそのつもりで書いているし、読む方もそのつもりのはずだ。

両者には違いがある。だから、書き言葉をそのまま話しことばにした時に、適切であることは少ない。

ところがその違いは、書き言葉では視覚イメージを活用できたり、読み返すことができるという表面的なことにとどまらない。

もっと本質的な違いがある。

それは話しことばの方が断然、その人の特徴が色濃くにじみ出るということだ。指紋や声紋があるように、話紋と言えるものがある。

話術は、常に話す行為として表現されるので、当然ながら話し手の特徴を踏まえた話しことばを念頭に置いて準備する必要がある。スライドや資料を準備する時も、自分が書き言葉で表現したものをどのように声や所作、身振りとして実現していくかを考えながら作っていかなければならない。

特に、方言が強い人や身振りがオーバーな人では、書き言葉と話しことばが大きく異なるので、自分の特性に合わせて調整してほしい。

職場や学校では、上司や教師が画一的な表現方法を求めるかもしれない。

確かに伝達効率の観点からは、効率的な表現とそうではない表現は明確に分けることができる。その最低限度のラインは守ったとしても、それでも一人ひとりにその人なりの表現方法があることは間違いない。

だから、著者の個人的な意見としては、あなたが上司や教師になり、話術を教える立場になった時には、画一的なやり方を強いるのはできればやめてほしい。

もちろん血のにじむような努力をすれば、話術に宝塚歌劇のようなきらびやかな形式美が生まれるだろう。

だが、通常の生活ではそこまで突き詰めて練習することはない。だから画一的な方法を求めた先には、劣化コピーが量産されるだけだ。

それよりは、部下や生徒一人ひとりが持っている背や声の高さ、身振りの見栄えなどを活かす形で一人ひとりの話術を作っていった方がよい。結果的にそれが味わいになって、その人なりの話術を醸成していくからだ。

だから、あなたが話術を指導する立場になった時には、話し手が持っている地声を活かした話しことばを、そして所作身振りを磨きあげていくことを支援してほしい。

誰一人として同じ人はいない。その人ができるところを出発点にして、設計思想と身体技法を磨いていくというのが、話術の理想的な在り方だろう。

図表を使う

実際の話においては話すだけではなく、それを補うために図表として可視化された情報を用いることも多い。

図や表は、情報をただ羅列したものではなく、整理して示したものである。だから、図表からは、いくつかの要素がどのように関連しあっているのかを読み取ることができる。この事実を共有していれば、かなり理解は進みやすい。だが、読み手（聞き手）の方にもそれらを読み解く読解力がなければ、無用の長物になってしまう。

だから、多くの場合で不要ではあるが、図がなにとなにの関係を示すものなのかを先に説明することがある。たとえば、「年次と売り上げ」の関係や「曜日と来客数」の関係といったことを述べてから、図表の詳細に言及する。

また、図を作成する時には、読み手の視線の移動の軌跡が、一枚の図（スライドを含む）の中で、Ｚのような動きをすることを念頭に置いて作ろう。まず、左上から右上、そして、視線がジャンプして左下に行き、右下へとつながる。

当然ながら、視線がジャンプするところに配置された情報は必ず読み飛ばされるので、気をつけてほしい。このような目の走査特性に基づいた図は大変に見やすい。

一方、表を作成する時には、３Ｄの装飾や縦線など、表の内容以外の部分はできるだけ取り除く。表が持つ主たる情報である数値や文字が、まず目に飛びこんでくるようにするためだ。

その上で、網掛けなどのパターンで行を区別すれば、行を見落とすことが少なくなり、かなり見やすい表になる。

基本的なことを理解すれば、文字と図の組み合わせ、文字と数値の組み合わせ、地図などについても応用が可能だ。

いずれにしても忘れてはならないのは、この資料があくまで話術の一部として用いられるということだ。簡単に言えば聞き手の理解を促すための手段だ。

これは、資料としてファイリングされるためのものとは設計思想が異なる。この点は注意してほしい。

ファイリングされる資料は、すべての情報を網羅的に扱っている必要がある。それに対して、話術の道具としての資料には、方略的にあえて情報が不足する余白を残しておくことがある。それは聞き手の注意を喚起するためだ。

なにか足りないぞと、聞き手が視線を上げた時、キーワードを放りこむ。すると、そのキーワードは聞き手の情報処理の余白にすっぽりと収まり、その瞬間に意味がわかる。メンタル・モデルがぐっと精緻になる。

これは、唐突に解が得られた時に感じられる、一種のアハ体験 aha experience だ。

ただし、阿吽の呼吸で実現されることなので、初心者には難しいかもしれない。

しかし、話の上手い人のプレゼンテーションがどうしてわかりやすいと感じられるのかを観察する際に、注意してみるべきポイントの一つである。いずれ上手くなれば、あなたも活用できるようになるかもしれない。

未来は誰に対しても常に開かれている。

スライドのつなぎに接続詞を使う

聞き手のメンタル・モデルは時間に沿って作られる。このため、話術においては聞き手の予期を適切に誘導するということが大事になる。

聞き手の予期を操る実用的で汎用的な方法が、接続詞を使うことである。

聞き手は、接続詞があることによって、前後のつながり方をあらかじめ予期して聞くことができる。

たとえば、前のスライドから後のスライドへ移る時に「さらに」と言えば、聞き手は情報が追加されることがわかる。

聞き手の予期を誘導するためにほかにもよく使う接続詞としては、「たとえば」や「ところが」といったものがある。

接続詞があるのとないのとでは、同じスライドを用いたとしても理解の程度は大きく異なる。もちろん、適切に接続詞を使うことができれば、聞き手の理解度は増す。

だがこれは同時に、不適切な接続詞の使い方は理解を阻害するということでもある。言うまでもないかもしれないが「たとえば」と言ってスライドを切り替えたのに、出てきたのが具体例や関連するデータではなかったといった場合だ。

接続詞を上手く使いこなすためには、なによりも自分がスライドの内容とその順序をちゃんと把握しておく必要がある。次にどんな情報が出てくるのかを知っているのは話し手だけだ。説明する者の責任として確認しておこう。

スライドの転換のところに接続詞を使う技術を一度身につけると、資料なしで話をする時にも役立つ。それは、話の中で展開を考えて、接続詞を使いながら話題をつなげたり、切り替えたりすることが自在にできるようになるからだ。

最初はスライドを使って練習することが欠かせない。だが、いったんこの身体技法が身につけば、それがなくてもできるようになる。スライドは実は自分の話術を安定させ、技術を身につける際に役立つ補助輪としての働きもしていると考えてもらえばいい。

五感を使う

話術において、視覚情報は特に重宝される。実際、人間の情報処理の七割は視覚情報に基づいているということが経験的に知られている。だから、だらだらと説明するよりも、すっきりした図表にまとめることができないか、常に考えておこう。

だが、同時に私たちは視覚以外にも様々な感覚器官を備えていることも思い出そう。ちょっとした注意を喚起するには、音を出すのも有効だ。

手を叩いたり、指を鳴らしたり、机を手のひらで叩いたりすると、その瞬間ピリッとした緊張感を生み出すことができる。

話術において匂いや味を扱うことは難しい。だが、それが無関係だということはあり得ない。ヒトには五感が備わっており、味や匂いの記憶を持っているからだ。そのものを出すことは難しくても、食べることや匂うことを演じて、聞き手に疑似的に体験させることは可能だ。

名人と呼ばれた八代目桂文楽が落語の『明烏《あけがらす》』を高座にかけると、売店の甘納豆が飛ぶように売れたという。噺の中で食べる様子がうまそうなので、客も思わず食べたくなったのだ。

この例も内容の理解に身体感覚を用いると、リアリティが何倍にもなることを示していると思われる。

ことばでどれだけ説明するよりも、話題にしている状況を再現して聞き手に想像してもらった方が、よっぽど理解が進むということはよくある。選択肢として持っておこう。

話さないということ

適切に話すためには、その時々で話すべきことを判断しなければならない。このように、どんな行動をとるか決めることを認知科学の文脈では広く意思決定と呼んでいる。

話すということばかりに気を取られてしまい忘れがちだが、話す行為に関する意思決定の中には、「話さない」という決定も含まれる。

実はこのことは奥が深い。

行動を抑制する働きは、人の優れた行動選択を支える実行機能の一部である。実行機能とは、知性と言った時にまず思いつくような賢い頭の働きのことだ。具体的には、ルールを覚えておいたり、やり方を素早く切り替えたりすることが挙げられる。素早く判断を下すこともその一つだ。これらは理性の宿る脳の前頭前野の働きが欠かせない、高度な機能である。人がこれをできるようになるまでには、少なくとも生まれてから三年ほどかかると言われている。

「満足の遅延」と呼ばれる研究では、マシュマロなどのお菓子を使った興味深い一連の実験が行われている。幼児の前にお菓子を一つ置き、食べずに待っていれば後で二つもらえると説明してから実験者は部屋を離れる。その間、二歳の幼児のほとんどが我慢できずに食べてしまうが、三歳以降になると実験者が戻るまで我慢することができる幼児が増えてくる。

このテストをクリアするためには、状況判断とそれに応じた行動の抑制が同時にコントロールされなければならない。それは想像以上に難しいことだ。

このテストでは、後で得られる報酬が四〇倍という圧倒的に大きな場合のような例外を除き、二歳児は我慢できない。

この反応には個人差もある。最近では、四歳の時に待つことができていたかどうかによって、一〇年以上経過した後の学業成績に差が出るという話題もある。

行動を抑制する働きは、話す行為の文脈でも重要だ。誰を相手にした、どんな場なのかを踏まえて、どの話が適切なのかを判断することができなくてはいけない。

また、内容は適切であっても、話の順序からみると、その時点で言及するとかえって混乱を与えるという場合もあるだろう。だから、その時に本題にはかかわらない事柄を抑制して言わずにおくことは、実は本題を適切に伝えることと同じくらい大事なことなのだ。

ウケる話術の技法

読者が一番興味を持っているのは、どのような話をすればウケるのか、あるいはどのような話し方がウケを誘うのかということかもしれない。

しかし、これは一筋縄ではいかない厄介な問題である。ウケるということは、状況によって異なる意味を持っているからだ。

単に多くの笑いを引き出したいという演芸のようなウケを考えている話し手もいれば、むしろ話に感銘を受けるという映画のようなウケを考えている話し手もいるだろう。

ここでは、やや大枠の議論になるが、一般論としてそれぞれの問題意識に応えていく。

ウケる話術は、大きく分けて二つだ。

話に引き込み、内容を聞かせて納得させ、感動させることを目指すものが一つ。そして、話を通じて愉快な気持ちになってもらい、その場を楽しんでもらうのがもう一つだ。

聞き手の心を動かす話し方――共感する心

第一のウケる話術は、内容を聞かせて納得させ、感動させるものである。これはヒトの共感性を基盤にしたものだ。

共感の研究は歴史も古く、近年でも認知科学のホットなトピックの一つである。この理由の一つには、個体の生存や子どもを残すという生物の本来的な目的や、自己利益の追求という面での合理性から外れるような行為に共感がかかわっているからだ。

共感で結ばれた集団の成員は、互いに助けあい、時に自己犠牲もいとわない。このような、合理性に照らして一見不思議な行動に関心が持たれている。

この意味でのウケる話術の具体的な方法としては、スライス・オブ・ライフと言われる手法が挙げられる。これは、聞き手も体験している日常生活をドラマ仕立てにして話す方法だ。

ある年代より上の人の多くは、映画『男はつらいよ』を見て、寅《とら》さんに親しみを覚えている。なんとなく身近な存在のように感じて、親しみを覚えてしまう。だから多少乱暴なことを言っていても、寅さんが言うことだからと許してしまう。

よく考えてみると寅さんは、「フーテン」というくらいなので、いわゆる下町での生活をしているはずはないのだが、スクリーンに映るお店の家族の一員だと思うと、その叶《かな》わぬ恋にも共感してしまう。

これは、聞き手の内側の人になるという方法が取り入れられている。社会心理学の用語では、内側の意識がある人たちの集まりは内集団と呼ばれる。

ちなみに、この内集団にはおもしろい性質がある。

それは集団を分ける基準がなんであれ、多くの場合、内側の人を贔屓《ひいき》してしまうというのだ。ある研究では、素人にはなにを描いているかわからない抽象画のどちらを好むのかで分けた集団（最小条件集団）であっても、内集団贔屓が起こった。

最近の数理モデルによる検討では、この内集団贔屓は、集団にとどまり続けることで得られる利益のためというよりも、共感に基づいて生じるという説が支持されている。

だから比喩的に言えば、話し手は話すことを通して相手の懐に飛びこめばいい。自分の生活から話題を切り出すことで、共感を生むことができる。

笑えるような些細《ささい》なヘマ話であるとなおよい。その効用は二つある。

第一に、話をする人もひとたび舞台から下りれば同じ人間なのだと思わせてくれるからだ。しかもその人は、自分の日常を裏表なく開示してくれる「いい人」だと感じられる。

第二に、笑いは感動のための下準備になっている。

ほろっと泣ける映画をなにか一つ思い出してほしい。あなたが思い出したその映画には、前半に笑える場面はなかったか。きっとあるはずだ。

実は、この笑うことが感動の前提条件になる。

というのも、人は常に感情を安定状態にしておきたいと動機づけられている。このため、多くの人は急に感動したりはできない。ところが、少し笑っておくと、心がほぐれ、大きく動く準備ができる。そこへ感動的なエピソードを持ってくるのだ。

スライス・オブ・ライフの手法の具体例として、著者自身の体験を基に話を考えてみた。次の話を読んでみて、共感するだろうか。なおこの例では、著者が話す時の話しことばになっている。急に語調が変わるので気をつけてほしい。

*

大学では落語研究会に入ってたんです。入った、と言っても生協で雑誌を読んでたら、後ろから肩をトントンされて、振り返ると男の人が「タダでご飯を食べられるところがあるけど、来る?」って言うんです。(少々休止)

行きました。【一回目の笑わせどころ】

天国のような場所で、ご飯が出る、漫画もある、人がいて話もできる。すっかりぬくぬく育った。(少々休止)ひと月後、あんな優しかった先輩たちが鬼になって、地獄のような落語の特訓が待ってました。【二回目の笑わせどころ】

でも、よかったこともありましたね。落語がつなぐ縁ですかね。【前フリを入れる】

新しく噺を覚えようと思って調べたんですが、どうしても資料が見つからない。ネットで調べたら東京農工大学の落研でその噺をやってた人がいたんです。

じゃあ、というのでそちらの落研に「ちょっと教えてくれませんか」とお願いすると、すぐに会長さんが資料のことを書いて送ってきてくれて、丁寧な手紙が添えられてました。本当に感謝しましたね。それから一〇年以上経《た》ったんですが、なんの巡り合わせか、今は東京で落語の研究を続けています。（長めに休止）

東京へ出てからすぐです。若い噺家さんのインタビュー記事を雑誌で見かけました。文章の最後に添えられてた本名に、あれ？　見覚えがある。

ところがこれが思い出せない。

その頃です。お客さんのお誘いで行った落語会で、立川こはるさんが出演してたのが。ああ、この前のインタビューの、と思っているうちにご自身の落研時代のことをしゃべってる。東京農工大学で会長をやってたっていうんです。

あーっ、この人だといって、それで気がついた。

会の後、お話を伺ったら、その時のことをちゃんと覚えててくださって。（少々休止）嬉しかったですね。

その時、資料のお礼に京都の扇子を贈ってたんです。こはるさんはそれを入門してからもずっと使ってくださったんだそうで、「ほかの前座は持ってないから、自慢してたんですよ」なんて言ってくださるもんだから、ちょっといい物にしといてよかったですね。

*

特にオチなどはつかない話なのだが、ウケのいい話ではある。

この短い文章だけでは、さすがに感動まではしなくても、一〇年以上経った後に落語を縁に会うことになるというエピソードには共感できたのではないだろうか。

この種のウケる話術のコツは、初めの方で笑わせるポイントを、話し手が自覚しておくことだ。言い回しにも注意しよう。そこを間違えると笑いを誘うことができず、話の後の方で共感を誘うのは困難になる。

聞き手を愉快にさせる話し方――洒落たことを言おう

第二のウケる話術は、話を通じて愉快な気持ちになってもらい、その場を楽しんでもらうというものだ。

ここでのポイントは、内容を説明して理解してもらうというよりも、愉快な気持ちになってもらうということだ。ただし、あくまで話し手として適切に話すことを目指している。だから、ここで狙っているのも芸人のような爆笑を引き起こすということではない。

愉快な気持ちになってもらうために重要な心得は、ジョークを言わないということだ。同様にダジャレやギャグも必要ない。

繰り返しになるが、舞台に立つ者ではあるが、あくまで話し手として、話の内容を聞いてもらう立場なのだ。

ではどうするか。

ジョークやダジャレではなく、洒落たことを言おう。

ジョークは読み物だったり、スタンダップコメディのネタとして発展してきたものだ。文脈を無視して切り出されても、期待したほどおもしろくはない。

ダジャレも同じだ。ダジャレを言い続けること自体がおもしろく感じられるようになるくらいまで繰り返す心の強さがない人は、試みない方がいい。しかも、言い続けること自体をおもしろがっているのはだいたい本人だけで、周囲は完全に迷惑している。

どうしても言いたいなら、そういう方々で集まり同好会を作って楽しんでもらいたい。

これに対して、ここでは、話の文脈に適しており、さらにおもしろみのある観点を提供する言動を、洒落たことと呼びたい。

端的に言えば、洒落たこととは、普段多くの人が見過ごしがちなことをさらりと捉え、その特別な観点を短い言葉で簡潔に表明することだ。

ものの見方・考え方とフレーム・シフト

洒落たことを話に盛りこむには、多くの人がとる立場とは異なるものの見方・考え方をする必要がある。これは、同じ物事でも見る位置を変えると見え方が変わるという比喩がわかりやすい。

たとえば、古典的な例として、コップに半分の水が入っているのを描写する、というものがある。

これをどう捉えるか。

人によっては「水が半分しか入っていない」と言うだろうし、また別の人は「水が半分も入っている」と言うかもしれない。

現象は同じなのに、捉え方に違いが生じるのは、見る枠組みであるフレームがそれぞれの人で違うからだ。

今の例では、二つのフレームを自由に行き来できた。だが、多くの枠組みは常識として存在していて、しかも枠組みというくらいだから固くなかなか外れない。だから、フレームを壊すのではなく、別のフレームを使ってみるということをしてみよう。これはフレーム・シフトと呼ばれている。

これにはちょっとしたセンスが必要である。また、日頃から別の目の付けどころを探すセンサーを働かせておく必要がある。相手を愉快にするような洒落た話をするためには繊細で、不断の努力が必要だということを忘れないでほしい。

話し手と聞き手との相互行為としての話には、聞き手を楽しませることも一つの本質的な特徴である。

だからここでは少し紙面を割いて、特別な観点の見つけ方をやや細かくみていこう。

タカの目・クジラの目・コウモリの目

他人とは違うものの見方・考え方をするために、よく言われる教えの一つとして、対象を多角的に見るということが挙げられる。確かに、同じものでも見る角度によって見え方が変わってくるものだ。

フレームを変えてしまうというのは、言うなれば、ドローンを飛ばして、普段見えない角度からものを捉えるという感覚が近いかもしれない。

ドローンで撮影された映像をはじめて見た時のことを覚えているだろうか。はるか高いところから見た景色は、これまで知っていたはずのものより何倍も雄大に見えた。これは画期的なものだと、多くの人が目を瞠ったことだろう。

角度によって見え方は変わる。たとえば、円錐は真横から見れば三角形だが、上から見れば円に見える、そういった類《たぐい》の教えだ。

だが、ここではただそう見えるというレベルから一歩進んで、自分がどの角度から見ているのかを自覚してみよう。

つまり、円錐の三角に見える方向を真横だと決めたのは誰か、円に見える方向を上だと決めたのは誰かということだ。

そこには視点の主体が隠れている。

視点の主体を変えてみると、見え方の違いを想像しやすい。代表的な視点の取り方として、タカの目、クジラの目、コウモリの目がある。

まず、タカの目からは東京の街もきっと雄大だろう。詳細は捨象され、眼下に広がる町並みは大雑把に捉えられる。

この観点から見れば、今取り組んでいる問題は些末なことかもしれない。もっと広い視野で解決を図るべきだ。

クジラの目からは、普段見ることができない海と空が一体になった世界が見える。普段あることさえ忘れている深海がそこにあって、そんなところにも生命が確かに存在していることが意識される。

この観点から見れば、今まで底だと思って見えなかったところもありありと見えてくる。

コウモリの目からは、世界は時々逆さに見える。コウモリは、普段は頭を上にして飛んでいるのに、枝や壁に止まる時には逆さになるからだ。

物事を逆から見ると、当たり前のように見えていたものがそうとも限らなくなる。

このように、視点を変えてみると、多くの人が取りがちな視点とは違う、新たな視点から考えることができる。その視点から見えた新しいことにちょっと修辞をすれば、洒落たことが言えそうだ。

たとえば、『一眼国』という落語はコウモリの目を地で行った噺かもしれない。江戸から遠く離れた地に目が一つの人が住んでいる国があるという。捕まえて見世物小屋に出そうとたくらんだ男は、その国で反対に捕まってしまった。男がお白洲（奉行所）に突き出されて、驚いた一眼国のお奉行が一言、「こやつ目が二つある。見世物へ出せ」。

同じ物事でも鳥瞰《ちょうかん》する、鯨瞰《げいかん》する、そして蝙瞰（？）すると見え方は違うことを知っていれば、いったん引いて別の見方を探ることができる。

別人になりきる

もう一つの視点の取り方として、別人になりきるという方法がある。

五代目柳家小さんは、タヌキの話をする時にはタヌキの了見になれと、弟子に言っていたそうだ。タヌキの身に心になりきってはじめてタヌキが生きている世界がわかるということだろう。

心理臨床の場面で生まれた表現に、その人の靴に入って考えよPut yourself in his shoes.という言い方がある。これは、その人の立場になって考えよThink from his standpoint of view.よりもかなりなまなましい。

相手の立場に立つというところまでは同じでも、靴には履いていた人の体温や触感が残されている。臨床場面では、相手の立場に立つだけではわからないその人の「感じ」まで感じ取れという教えだろう。

著者は街中でおもしろい人を見つけると、ときおり歩き方や姿勢を真似てみることがある。

早足でコツコツと歩を刻むOLさん、コンビニの店員に食ってかかるおじさん、掃き集められてこんもりとしたイチョウの葉にためらいなくダイブする子ども。

どんな世界を生きているのかは、真の意味ではなり替わって体験することはできないが、その歩き方や姿勢を真似てみると、存外穏やかな気持ちになったり、息苦しくなったりして、その人の「感じ」を追体験できる。

なるほど、こんなふうに世界を感じているのかもしれないと思うと、人間やこの世界が複雑さと繊細さを兼ね備えていることに感動さえ覚える。

ちょっと手あかがついた表現しか思いつかない時、きっとあの人ならこんな言い回しをするだろうと想像力豊かに発想すれば、話も膨らみ、ちょっと洒落た話ができるはずだ。

空間スケールを変える

有名な物理学者エルヴィン・シュレディンガーの『生命とは何か――物理的に見た生細胞』(岡小天・鎮目恭夫訳、岩波新書、一九五一)という本は、「原子はなぜそんなに小さいのか?」という風変わりな問いを起点に議論が始まる。ちょっと洒落ているなと思った。

というのも、このフレーズは「生命はなぜ原子に比べてこんなにも大きいのか?」ということを本当は問うているからだ。原子や分子のレベルでの偶然に左右されないほどの大きさが生物には必要だったという結論に至るまでの論理も素晴《すば》らしい。

その生物の大きさとは、おおよそ大数の法則が適用できる（法則を使えば近似できる）くらいの分子の数のことだ。この点ではじめて物理統計は、生物の細胞の空間スケールと結びつく。

そのような物理学者らしい生物の見方を一つの洒落た問いに落としこめる感性は、なお素晴らしい。

空間スケールを変えてみることは、フレーム・シフトの一つの方法になる。

これは話題を広げるということとは異なる。同じ話題の同じ対象を扱っているのだけれど、それをどれくらいのスケールで捉えるのかを変えるのだ。

たとえば、北海道に行ってお隣まで近くですよというので歩いてみると、二時間かかったというような話を聞いたことはないだろうか。北海道の人の空間スケールの大きさがよくわかる。

逆もまたしかりだ。

五センチは普段生きている世界から見れば短い距離だ。だが、あなたが思いを寄せる相手との距離の五センチなら、それは限りなく遠く感じるかもしれない。

空間スケールをちょっと移動させればいい。宇宙の規模から見れば人は片隅の銀河のごく一部でゆらめいているだけだし、ウイルスから見れば人は果ての見えない広野だ。

時間スケールを変える

空間スケールを変えることに気づけば、同様にして時間スケールを変えてみるということもすぐに思いつくだろう。

京都の人が「先の戦争で焼けたんです」と言うので、「先の戦争って?」と尋ねると「応仁の乱です」と返されるという小咄があるが、大きな時間スケールを持って見てみると、ユーモラスな感じが出てくる。

時間は入れ子状になっていて、小さな時間が積み重なって大きな時間になっている。それが妙味を生む。

チャップリンが残したという言葉に「人生はクローズアップで見れば悲劇だが、ロングショットで見れば喜劇だ」というのがある。なるほど、その時は一〇〇年の恋としか思えないのに、実際のところは、「惚《ほ》れた腫《は》れたは当座のうち」なのかもしれない。

話の内容を考える時にも、時間的なスケールを意識すると、話に幅が出る。もちろん、仕事にかかわる話なら、短期決戦で小さな時間スケールで決めなくてはいけないことも多いだろう。

だが、だからこそ大きな時間スケールは意外性を持っていて、洒落た感じを演出するには使えるものだ。

ほかの人の視点を取る練習

いくつもの見方を紹介してきたが、これを覚えるだけで洒落たことが言えるようになるわけではない。やはり実践的な練習が不可欠だ。

入門書を手に取るような人がそこまでするかについては大いに疑問が残るが、今後発展することを期待して、多彩な視点を取るための練習の仕方も併せて述べておこう。

日常的にできるのは、道を歩いたり、テレビを見ている時に、見ているものを実況するという方法である。この時重要なのは、自分が誰の視点を取るのか、その人物をしっかりとイメージすることだ。

たとえば、わかりやすい例で言えば松岡修造でもいいし、もっと身近な先輩社員や先生でも構わない。

その人ならこの景色や情報をどう実況するだろうかを考え、できれば口の中で唱えよう。練習していくうちに、その人物としての視点ができあがっていく。これは次第に自分の視点のレパートリーになり、使うことができるようになる。

これとは反対に、自分が持っているフレームを自覚することも、フレーム・シフトするためには重要だ。

この場合は、常識をしっかり持つために、見ているものに突っこみを入れる練習をしよう。

適切な言葉で突っこむことができれば、なにが常識でなにが変なのかを理解できているし、それを表現する豊かな語彙を持っている。それに対して、突っこみが複雑になりすぎたり、別に突っこまなくてもいいところに突っこみを入れているようであれば、まだなにが常識なのか正確に把握できていない。

常識がわかってこそ、言い換えれば、べたなことがわかってこそ、効果的に洒落た見方ができる。

だから、この練習は一見関係ないようだが、実は洒落た話をするための練習になるのだ。

自分の話紋を活かした話を作る

本章では、準備した内容を現実の話として実現する際に、橋渡しとなる実際的な方法をみてきた。話という行為はいつも話しことばによって結実する。このため図表やスライドも、誰が話すのかを念頭に置いて作ることが不可欠だ。準備した内容を踏まえて、五感に基づく表現での追体験や接続詞による注意の誘導を活用してほしい。

また、多くの読者が興味を持つであろうウケる話について、共感に基づくいい話とフレーム・シフトを伴う洒落た話の二つの観点から述べた。これはあらかじめ準備していなかったエピソードを即興的に話す時、確かにウケるものにするためにも重要な観点である。

次章では、伝統的に使われてきた間と場といった言葉が実際にはどんな現象を指しているのかを論じていこう。著者が考える間と場の定義を示す。その上で、どんな実証的な研究がなされたのかをみていこう。本書で議論されている話術の術理、すなわち、話術が効果的に働くメカニズムを理論面から説明していく。

第七章　間と場の定義と実証的研究

話術の間《ま》は、話し手と聞き手との相互行為の本質にある。こう考えると、間がどのように生まれているのか、また、その実体はいったいなんなのかという問いへの答えを見つけることは意義深い。

ここでは、間と場についての素朴な現象論から出発して、少し研究らしい定義を考えてみよう。面倒だと思った読者は次の章まで飛ばして構わない。

厳密な定義を知らなくても、身体技法としての話術は実現できるからだ。

とはいえ、これが著者の本業だ。本章の内容は、日本文化の中で育まれた落語についての研究が、いかにして海外の英文誌にも掲載されるようになったかにもかかわっている。

それほど興味がない読者も、花を持たせるつもりで読んでいただければ嬉しい。

日本における間の扱い

間の問題を論じることは非常に難しい。

そういう時は先人の考えを引いてみるのが有効だ。これまで芸談や話術についての書籍で間がどのように扱われてきたのか、簡単にみていこう。

心理学者、南博は日本文化に根づく間に注目して、『間の研究――日本人の美的表現』（講談社、一九八三）を編集した。

『間の研究』は、間について多角的に論じたはじめての書籍である。

そこでは、茶の間や床の間のように日常用語としての間は建築などにある「空間的な距離《へだた》りを示すことば」として用いられていることが指摘されている。

また、この著書の中では、間が日本舞踊や歌舞伎において用いられる時の用法からテンポや拍との関連が論じられている。南自身の関心として、能楽、邦楽、歌舞伎などに、余情としての間が成立していることを指摘し、これを芸術間と呼んでいる。

たとえば、世阿弥《ぜあみ》の『花鏡』から「あらゆる品々のひまひまに、心捨てずして、用心を持つ内心也」を引用して、「ひまひま」について芸術間を指していると指摘している。さらに、「せぬ隙の前後をつなぐべし」とあることも、間の前後を意味すると推測している。

加えて、六代目尾上菊五郎が「間というのは魔という字を書く」と常々述べていたということを引いて、舞踊家川口秀子はその神秘的な性質に言及している。

間には、主に二通りあり、一つはリズムや拍として把握可能で、そのため、教えることができるものとしての間である。

そしてもう一つは、そのようなものとして把握されることはなく、個人の先天的な才能によって感じ取られ、実現される間である。これは、「どんなに振りを教わっても、間は本人にある」ものだという。

川口は特に後者に魔という字を当てて、不思議な性質を持つことを強調している。これは、本人が把握しなくてはどうしようもないものだという。このため、決して教えることができない間だとしている。

教えることができるか否かは別の問題だとしても、芸術における間はそうやすやすと単純化できない、なにか神秘的な側面を持っていることは間違いない。

間と発話の休止は同じか

このような神秘的な性質を備えた間という見方がある一方で、多くの人が持っている間の理解は、もっと素朴なものだ。

それが発話の休止pauseという見方だ。これは非常にわかりやすい。発話と発話のあいだを間と呼べばよいからだ。

もしある落語の口演を、書き残された談話資料と同じものとして扱うなら、確かに間は発話の休止である。だが、実際の落語の口演を見て、間を発話の休止と同一視してもよいと考える研究者はいないだろう。

たとえば、柳家三三師の『青菜』の口演（二〇一二年一〇月）では、やや長い一〇秒ほどの間のあいだに、七種の表情が現れている（野村亮太・岡田猛「話芸鑑賞時の自発的なまばたきの同期」、『認知科学』二一巻二号、二〇一四）。それに並行して右手で扇子を小刻みに揺らすことや手の甲で左目から涙をぬぐうしぐさが一連のシーケンスとして行われている（ここで言う表情は大まかな意味的な区分であり、筋肉の動きで詳述するエクマン流の区分ではない）。

この例からもわかるように、噺家は発話がない部分でも演じ続けている。

それゆえ、話し手と聞き手の相互行為が続いている時、なにも言っていないところには、話している時と同じだけの意味がある。

たとえば、剣道で構えて向かいあっている時を考えてみよう。この時、剣士は互いになにもしていないのだろうか。そんなことはない。実際には、どちらかが一瞬でも気を抜けば、打ちこまれてしまうはずだ。

言い換えれば、剣士どうしの相互行為が続いている時、向かいあっているか、それとも打ちこむかは相手がどう出てくるかによって結果的に決まる一つの状況である。相手の出方によっては向かいあったままだし、また別の出方であれば打ちこみにいく。

話でもそうだ。

話し手は、聞き手の反応によっては話を続けるし、別の反応なら発話をしない。この相互行為がそれぞれの時点でなされた結果が、発話とその休止である。

だから、発話の休止というのは、ある話の中で、単にいつ発話がなされたかという痕跡《こんせき》を記述するものであり、話という相互行為の本質的なダイナミズム自体を記述するものではない。

初めに宣言したように、間は話し手と聞き手との相互行為の本質にあるからこそ、問う意味があった。とすれば、痕跡しか記述できない発話の休止と間を同一視することには無理がある。

結論すれば、発話している部分としていない部分という区分は、観察者がわかりやすいように恣意《しい》的に取り決めたものである。そして、残念ながらこの区分では、話し手が聞き手と相まみえる状況において、話がどのように時間に沿って展開したのかを説明することはできない。

要するに、発話の休止によって間を定義すると、確かに区分は容易で素人目にもわかりやすいのだが、それが相互行為としての話の、いったいなにを記述していることになるのかはわからないということだ。

では、単なる発話の休止ではない間とはなんだろうか。

話芸の間と気合

落語評論家の堀井憲一郎は、『落語論』（講談社現代新書、二〇〇九）の中で、落語の間を「無音の間合い」だと定義している。

その上で、間が話し手の（発話の）空白だけで規定できるのではないと指摘した。「予想を超えた長い時間、ずっと黙っているのに、観客が緊張を持続して次の言葉を待ってられる」ことを指して、人々が「間がいい」という言葉を使っていると堀井は主張している。要するに、間は話し手の発話の空白と、聞き手の期待との相互関係から生じているというのだ。

これは大変に興味深い指摘である。

これまで間は、話し手側にあるもの、もっと言えば、話し方の特徴だと見られてきた。ところが、この堀井の説では、間には聞き手の期待という側面が含まれることが明示されている。話し手の技量がこれを実現しているのは間違いないとしても、間は観客側の要素をも含んでいるのだ。

堀井は同書の中で、結局のところ、落語に大事なのは、音楽性に加えて噺家の「すべての客を覆う気迫」であり、「おおもとの基本は、気合いである」と論を展開している。だから、間というのは、客が噺家のことを論じる時に使われる便利な言葉に過ぎないという。つまり、堀井は、間それ自体になにか意味があるわけではないと結論している。

ところが、気合は、客のなにに作用するのか、あるいはどんな物理的な実体を持っているのかには触れられていない。このため、議論をこれ以上深めることができない点は非常に惜しまれる。

ただ、興味深いのは、気合という言葉は、話術の担い手自身によっても間に関連して使われているということだ。

漫談家、徳川夢声は『話術』（秀水社、一九四七）の中で、琴の名人の言葉を引いて次のように述べている。

「伺っておりますと、気合の勉強になります。（略）この『気合』はすなわち『マ』の意味だったのであります」

また、徳川は間を野球の野手の動きに喩えて次のように述べている。

「カーンと鳴って、発止《はっし》と受け止めるまでの時間を、つまり『マ』をですな、この選手は彼のカンで計っていたわけです。（略）ハナシの場合でも、この『マ』が正確であるとき、聴衆は快感を味わい、陶酔の境地にまで入るのであります」

その上で、徳川は「『マ』とは虚実のバランスなり」という一応の定義を与えている。実の部分だけではなく、虚の部分とのバランスによって間が成立するというのは、南のいう余情としての間という考え方に近いものだろう。

話し手と聞き手とのあいだにある一種の緊張感と言えるようなもののうち、非常にバランスがよく、心地よいものを徳川は間と呼んでいると考えられる。

実証研究に耐える間の定義

これまで間については、身体感覚に基づく感性的な議論がなされてきた。話の間だけに限定しても、緊張や気合、虚実のバランスといった言葉が用いられている。

これらの説明では、なんとなく言いたいことはわかるのだが、肝心のなにがどう作用しているのか、その結果、どんなことが生じているのかを明確に説明することはできない。また、間にまつわる現象は普遍的な現象なのか、それとも局所的なその状況にのみ限定されているのかについては論じられてはいない。これでは、間についてきちんとわかったということができない。

ここからは、先人の考えを踏まえながら、実証研究ができる形で話の間について考えていこう。実証研究というのは、「科学者がやっているあれさ」と言われて、みんながイメージする活動だ。細かく言えば、実験によって現象を検証していく営みである。

わかりにくい世界かもしれないが、実証研究の対象はとても限定的だ。実験によって検証するからには、現象を定義することができ、操作ができ、また再現できなくてはいけない。

実際にそこにある現象が見えていても、操作できないものは研究として扱うことができない。『道灌《どうかん》』という噺の中で「あってもねぇ」というセリフがあるが、まさにそれと同じことが起こる。

要するに、間という現象があっても、それを十分に捉えるように定義することができなければ実証的には研究できない。だから、ここでは試みに、実証的な研究が可能な定義を考えてみよう。著者なりの定義だ。

間とは、複数の人が同じ歴史的時間を生きている程度のことである。

歴史的時間とは、ある一人の人が、今この一瞬までどのように生きてきたか、そして今、生きつつあるかというその時間のことだ。

人は、一人ひとりが独自の歴史的時間を生きている。生まれてからこの方、同じ身体で同じように生きてきた人などほかには決して存在しないからだ。

しかし、行動を共にする人たちは、時に協調して同じ歴史的時間を生きる。たとえば、シンクロの選手たちは、「間の合った」動きを見せる。寸分の狂いもなくぴたりと合うのは、音楽や周囲の選手の状況にタイミングを合わせているからだ。

こんな例も考えられる。都会にはたくさんの人がいて、思い思いに様々な方向に歩いている。恋人たちは、共有した約束の時間に「間に合う」ように待ちあわせ場所に急ぐ。この様子を空から俯瞰《ふかん》すれば、ざわざわと動くたくさんの人の中で、恋人が進みつ、止まりつしながら待ちあわせ場所にやってくる様子が見える。その二人には協調した動きを見出すことができる。二人は間違いなく同じ時間を生きている。

反対に、その周囲にいる人たちはそれぞれが別の時間を生きている。それぞれの目的地に向かって無関係に歩いている。間は合っていない。

このように、間が合うというのは、なにもなければ決して交差することのない独自の歴史的時間が、目的を共有したり、互いに影響を与えあうことを通して、同じ方向へと進むことを指している。

だから、間が合っているかどうかは、一か零かではなく程度の問題になる。間の具合は、評価することができるし、人は暗黙の裡にこの評価を下している。それぞれの人の歴史的時間が進む方向を示す、矢印の向きの重なり具合を考えればよい。

また、間は、人が生きつつある歴史的時間の中で立ち現れる現象である。だから、間の継続時間は、数秒ほどに収まる。間がミリ秒以下や分以上の時間スケールでは生じないのはこのためだ。

しかし待て。この間について、どうやって実証的研究ができるのだろうか。間のよさをどうやって測定するか、そして実験していくのかについてはこの議論の肝だ。次節で詳しく説明しよう。

なお、歴史的時間に関しては、清水博による『生命知としての場の論理——柳生新陰流に見る共創の理』（中公新書、一九九六）が詳しい。ぜひ参照してほしい。

話の間を捉える視点

今示した間の定義から、話の間について考えてみよう。

話の間とは、話し手と聞き手がいる状況で、話し手と聞き手がどの程度まで同じ歴史的時間を生きているかということである。話の間は、相互行為としての話が続くという、やや限定された状況で生じている。

話は話し手と聞き手とのあいだの相互行為であり、間はその本質にかかわる。それは、話の間が、話し手と聞き手の相互行為を成立させる重要な役割を果たしているからだ。

話し手は準備した内容を声やしぐさで具体化し、表現していく。聞き手はそれを見聞きしてメンタル・モデルを構築しながら、内容を理解していく。

ちゃんと注意を向けて話を聞く時、聞き手は話し手が表現したことをメンタル・モデルに次々と写像していく。そうしていくうちに、聞き手の意識の流れは、話し手が話していることに乗り、話の世界に引き込まれていく。

間がいいという時、話し手の意図を反映した表現はひとまとまりとして美しく整合している。同時に、聞き手は話の流れをぴたりと追うことができる。メンタル・モデルができあがっているので、それに基づいて、話の展開を予期できるようになるからだ。

それだけではない。聞き手の頭の中では、初めは粗かったメンタル・モデルが、繊細な肌理《きめ》を備えたものへと更新されていく。

間は話し手の表現行為をきっかけに生まれる。しかし、話し手だけで極《き》まるのではない。聞き手との関係性として生じている。

さらに話し手の表現はその場にいる多くの観客を同時に話の世界に引き込んでいく。そこでは、初めは独自の歴史的時間を生きていた観客が、話を聞くことを通して同じ歴史的時間を生き始める。間がいい時、多くの人が共通した歴史的時間を生きている。話し手の表現が適切に誘導しているのだ。

反対に、情報が多すぎたり少なすぎたりして、上手く話を理解できていないと、聞き手は注意をどこに向ければいいかわからず、好き勝手に独自の歴史的時間を生きるしかない。また、ディストラクタで気が散ったりしていれば、それ以前の問題だ。話の内容以外のところに注意は向けられてしまう。

このことから翻って考えてみると、話の間は実験的に操作することが可能なレベルの定義として、次のように定式化することができる。

それは、「話し手の表現行為によって、聞き手の注意配分や注意解放が誘導されて、特定の注意パターンが高い確率で引き起こされること、またその状態」というものだ。

この立場では、間のよしあしは注意パターンを引き起こす蓋然性《がいぜん》（確率の高さ）として捉えられる。

言い換えれば、多くの人の反応を観察して、似たパターンの注意サイクルに導かれていれば、観客は共通した歴史的時間を生きていると判断できる。

今、間は現象として存在するか否かという次元ではなくなった。どの程度まで合っているのかという問い方に変わったのである。

この定義に基づく間は、話す行為において普遍的な現象である。それは、話し手や聞き手の属性、状況や話の内容といった細かな違いに依存しないからだ。

話し手が聞き手の注意を誘導するという観点から見れば、このような間の定義が演芸に限らず、演説や授業といったほかの話す場面にもあてはまることは間違いない。

著者はこのような間の定義を頭にちらちらと思いながら、実証研究を進めてきた。

間で噺家の熟達化を研究する（話し手－聞き手系）

ここで短く、間と場を巡る実証研究の物語を話そう。

著者の研究の専門は、噺家の熟達化だ。噺家がどのように上手くなるのかを、一〇年単位でみていくことを目指している。

噺家のなにが熟達化するのか、いったいなにが上手くなっていくのだろうか。

たくさんの噺を覚えること以外にも、本書で話術の三要素として示したことを磨いていくと考えられる。つまり、観客の様子を感じ取ること、見えをコントロールすること、そして効果的に話すことである。

研究者は、三要素のどこが上手くなっていくのかを追いかけてもいい。だが、それは容易ではない。噺家は日々体調が異なるし、観客も毎回違う。一回性に美しさが備わる落語では、同じ噺をしても同じように演じられることはないからだ。

それにもまして難しいのは、研究の結果について客観性を担保できないということだった。研究者も人だから、一〇年経てば見方も観点も変化する。

そこで、注目したのが間であった。先ほどの定義に従えば、多くの観客の注意を誘導する確率として客観的に測定することができる。

実証研究に乗せるために、著者はいくつかの定式化を行った。

第一に、話し手と聞き手が一つのまとまりとして系をなしていると捉え直した。第二に、演芸における楽しさには、話を通して話し手－聞き手系が形成されることが欠かせないと想定した。

第三に、演芸における熟達とは、この系を多くの観客とのあいだに作り、話し手の話が聞き手の注意を高い確率で導くことができることにあると考えた。これは第二の想定から導かれることだ。

これを踏まえて、熟達した噺家が、そうでない話し手よりも、話のポイントとなる部分に注意を向けるよう導くことができるはずだと考えた。言い換えれば、熟達した噺家はその表現行為によって聞き手の注意を誘導できるという仮説だ。

第二章でみたように（四五頁）、聞き手が無意識にするまばたき（自発性瞬目）は、聞き手の注意サイクルと緩やかに連動している。

なにかに注意を向けた時にはまばたきは抑制され、注意が解放されると瞬目バーストと呼ばれる間隔の短いまばたきが頻発する。

まばたきは外から観察できるので、同期の程度を客観的に同定できる。これは、どれくらい観客の注意が集まったのかを定量的に比較できるということだ。

実験の結果は、予想された通りだった。噺家の口演では、落語研究会員の口演に比べ、多くのまばたきが起こるタイミングが一致したのだ。

話が効果的なものだったのか調べるために、実験の参加者には質問紙にも回答してもらった。その結果、噺の世界への没頭体験の程度とおもしろさの主観的な評価得点も、やはり噺家の口演の方が圧倒的に高かった。

要するに、熟達者の口演では、噺によって観客の注意サイクルが導かれたのだ。多くの観客のまばたきが、蓋然的に（高い確率で）表現によって引き込まれたと考えられる。このような話し手‐聞き手系の形成が、噺の世界への没頭の前提になった可能性が高い。

場で観客どうしの相互作用を研究する

実験で操作できるレベルでの間の定義を、もう一度思い出してみよう。

間とは、「話し手の表現行為によって、聞き手の注意配分や注意解放が誘導されて、特定の注意パターンが高い確率で引き起こされること、またその状態」だ。

噺家の口演が観客のまばたきを同期させる

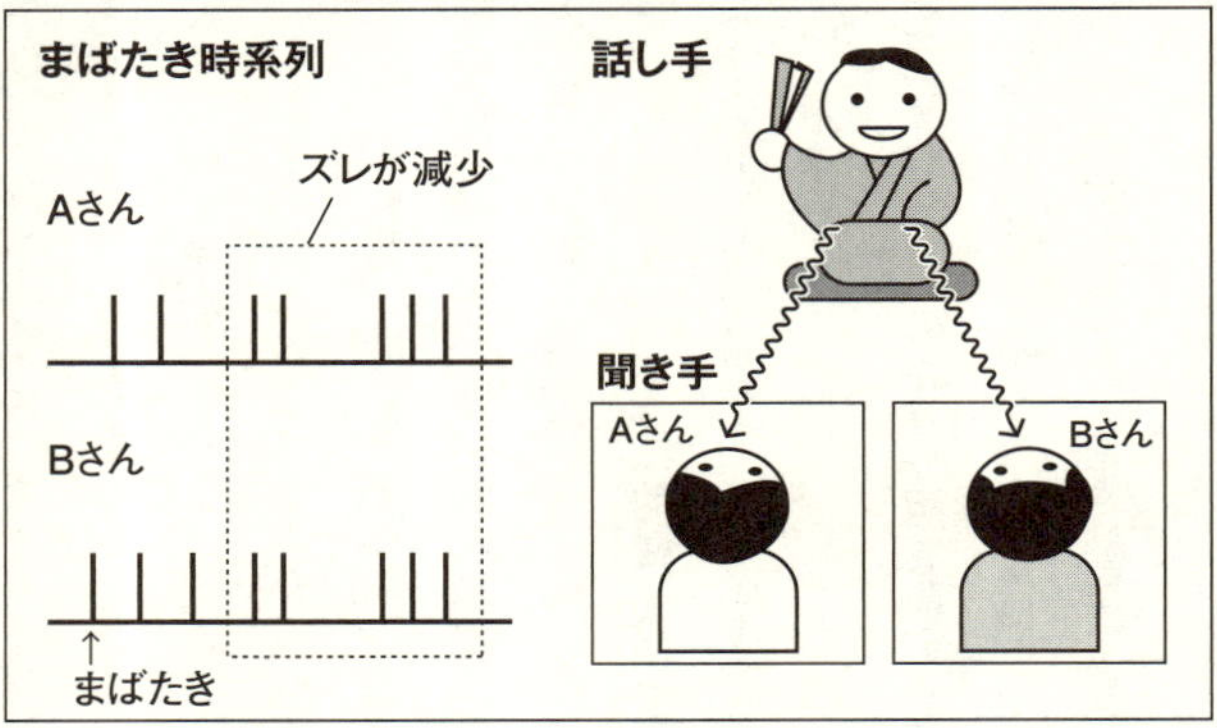

つまり、「いい間」が現実の場面で生じる場合には、話し手と聞き手群という多くの一対一の関係によって生じる観客間の同期が観察されるはずだ。

今、紹介した研究は、個人を対象にした実験室での実験だった。だから、落語の口演の映像に対して、どのタイミングでまばたきをしたかを記録して、後からその同期の程度を計算している。

この結果として、観客間の相互作用がない場面でも、話し手と聞き手という一対一の関係において間が生じることが確かめられた。

だが、現実の演芸の場面では、多くの観客が同時に見聞きしている。

間が実現されるもう一つのメカニズムとして、時間・空間を共有する観客が互いに影響しあっていることも十分に考えられる。

経験的に言えば、観客どうしに相互作用がなく、完全に独立しているとはもちろん考えにくい。とは言っても、その影響の仕方は不明だ。

端的に言えば、相互作用によって、観客は互いに引力的に影響しているのか、それとも斥力的に影響しているのかはわからない。加えて、仮にそのような影響力があるとしても、その大きさはどの程度なのだろうか。

この問いに対して厳密に答えられる者は、二〇一五年当時まだ誰もいなかった。

話し手‐聞き手‐聞き手系（三体問題と組み合わせ数の爆発的増加）

これについて思索を深めていくためには、一対一の関係だけではなく一対多の関係、すなわち話し手‐聞き手1‐聞き手2という系を想定した方がよいだろう。

話し手‐聞き手群系は、話し手と二名以上の聞き手という三項関係から形成されるシステムである。‐（ハイフン）でつながれているのは、先述したように、話し手および聞き手どうしが、相互依存的で分かつことができない関係にあることを示している。

話し手と聞き手という単純な一対一の関係に一人聞き手が加わり、一対二になることには、さほど変化はないように思えるかもしれない。だが、両者のあいだには超えることができない質的な隔たりがある。

理論的に言えば、一般に一対一の関係については、それを定式化できれば解析的に（数式を使って）解くことができる。それに対して、要素が三つになる一対二の時には、ほとんどの場合解析的に解くことはできない。これは数学的に証明されており、三体問題として多くの実例が知られている。

たとえば、太陽とその周りを回る惑星の位置関係は、惑星の数が一つの時には、つまり一対一の時には計算によって求めることができる。ところが、惑星がもう一つ加わり一対二になると、途端に正確な答えがわからなくなる。どんなふうに計算しても、どうしても不明な部分が残ってしまうのだ。

だから、これを解くためには、特別な仮定を置いたり、特殊な条件を設定しなければいけない。たとえば、位置がたまたま対照的な点にあるとか、十分に小さい係数を持つとか、あるいは解を求める範囲を限定してしまうといった工夫が必要になる。

こちらを立てればあちらが立たず。簡潔に言えば、二名以上の観客の前で適切な方法で話をするということは、厳密な意味では解けない問題だったのだ。

日常用語での場、心理学での場、物理学での場

話し手‐聞き手群系という定式化は、これまで話術の世界で場と呼ばれてきたものに深い洞察を与える。

場 field という言葉は、場面によって様々な意味で使われている。日常的に言えば、なにかが行われている場所というニュアンスが強い。

心理学においては、フィールドとは現場のことだ。だから、フィールドワークと言えば、社会的実践が行われている現場に足を運び、実際に参加してみて、そこでの営みを記述することである。

物理学で典型的な場と言えば、電場や磁場のことである。電磁場と総称されている。

たとえば、机の上に磁石を置いて、その上から砂鉄を振りかけると、砂鉄はある流れに

沿って曲線を描く。これは磁力線と呼ばれている。空間上の各点で磁力線がなぞる方向に働く力全体を捉えて、磁場と呼んでいる。

電磁波を研究したマイケル・ファラデーは、電気や磁気は場を媒介して（場が媒質となって）波動が伝わると考えた。

これは、湖に浮かぶ船をどうにかして揺り動かすという古典的な比喩を考えるとわかりやすい。なにかモノをぶつければ直接船を動かすことができる。それに対して、湖の畔《ほとり》でゆっくりと大きな波を立てて、波を伝えることで船を動かすこともできる。

後者が、場が媒質になるということを喩えたものだ。当初物理的な媒質として想定されたエーテルは存在しなかったものの、場自体については後にその存在が実験によって確かめられている。

理論的に言えば、場とは一般に平均場を指す。ミクロの世界で分子や原子どうしの相互作用がある時、それを一つひとつ見ることは現実的にできない。前に述べたように、一つの要素が取りうる状態がM、要素がN個あると、全体が取りうる状態はMのN乗になる。Nが多くなると指数的に組み合わせの数が増えていってしまい、扱いようがなくなる。

なので、大数の法則に基づいて、人が生きるマクロの世界では「相互作用は平均として このくらい働くぞ」と考えるのが平均場である。どの分子も等しく相互作用を受けていると想定されている。

これを踏まえると、物理学での場と話す行為が行われている場は、似ている部分はあるが、やはり大きく異なるものだ。

話では、観客の数は一〇名程度のこともあるし、多くてもせいぜい二〇〇〇名程度である。平均場は、Nが小さい時にはあくまで近似であり、Nが無限大になってはじめて厳密に一致する。これをそのままあてはめることはできない。

かと言って、一対一の関係だけを見ることもできない。観客は少なくとも二名以上いるので、先に述べたように定式化しても解くことはできない。

話す行為における場は、中自由度を持つためにそのまま扱うことがとても難しい領域である。

動物の集合行動

話の場について洞察を与えてくれるのが、動物の集合行動である。集合行動とはその名の通り、多くの個体がたくさん集まった時に起こる行動のことだ。

たとえば、雁《がん》は隊列を作り、空を翔《かけ》ていく。イワシは大群をなし、巨大な塊を作って泳ぐ。アリは行列を作り、餌《えさ》を巣まで運んでいく。蛍の明滅は大きな群れで同期する。

これらの行動は一見すると、動物の群れ全体が意識や意図を持って動いているような印象を受ける。確かにオーケストラで演奏する場合を考えてみると、指揮者が全体を統括しているというイメージが思い浮かぶ。

だが、驚くべきことに、これらの行動は中心となる司令塔なしに実現されているという。大域的なパターンが自発的に生まれることから、自己組織化 self-organization と呼ばれている。

自己組織化はそのメカニズムの単純さと裏腹に複雑な振る舞いを実現することのおもしろさもあり、二〇〇〇年代以降、物理学、生物学、心理学など様々な領域で研究がなされるようになってきた。
指揮をする者がいないにもかかわらず、大きなパターンができるのは、局所的に相互作用が起こっているからだ。たとえば、鳥が群れをなして飛ぶ時、障害物を避けてはまた隊列を作るという非常に複雑なパターンを示す。ところがこれは、近くの個体に近づきすぎたら離れる、そして、近くの個体から離れすぎたら近づく、というシンプルな規則だけで実現されているという。

このような影響力が観客どうしにも働いているかもしれない。シンプルな規則が観客の注意パターンを同期させるかもしれないからだ。

それがもし可能なら、熟達した噺家は個々の観客に働きかけるだけではなく、観客どうしの相互作用を促すことで、笑わせるポイントや感動させるポイントでより楽しませることができるかもしれない。

可能性は様々で夢は広がる一方だ。とはいえ、観客は互いに目に見える枝や紐で結びつけられているわけではない。だから、単に様子を観察するだけでは、相互作用はわからない。

もちろん、相互作用の程度がわからなければ、話の場でも自己組織化によって観客の反応が同期しているのかどうかはわからない。その見えない相互作用を、どのようにして推定するか、それがまずは解決すべき問題だった。

観客の相互引き込み現象

著者は、まばたきの同期を使って観客どうしの相互作用の大きさを推定する方法を考えた。

それは、個人を対象にした実験室での実験で得られた結果を基準にして、時間・空間を共有した観客が相互作用する場合には、どれくらい同期の程度が高いのかをみるというものだ。

もし、相互作用に影響力がなければ、まばたきの同期の指標は、実験室での実験の結果と同じ値を示すはずだ。

だが、相互作用が観客どうしを引きつけあう方向で（引力的に）働いているのだとしたらより同期が高まり、反対に観客どうしが離れてしまう方向で（斥力的に）働いているのだとしたら同期は低くなるはずだ。

結果は、驚くべきものだった。同じ時間・場所で噺を聞いている時、一人ひとり実験室で測定する場合に比べて、観客（実験参加者）のまばたきの同期の程度が三〇%から六〇%改善されたのだ。

結果をプロットしたグラフは、どんどんズレが減衰することを示し、五〇分の噺全体にわたって相互作用は引力的に作用していることが見出された。

しかも、相互作用が同期に与える影響は観客の視聴経験によって異なっていたのである。聞き手がベテランだった場合には、噺の後半で同期が高まっていった。それに対して聞き手が初心者だった場合には、噺の最初から相互作用が強く働いていたのだ。

この結果は、初心者の観客の場合には、引力的な影響がベテランよりも強く作用することを示している。

これは、初めから周囲の観客の反応を頼りに噺の内容を理解し、楽しんでいるということを強く示唆する。

先述の通り、まばたきはその人の注意配分のサイクルに緩やかに連動している。このた

まばたきのズレの時間的変化

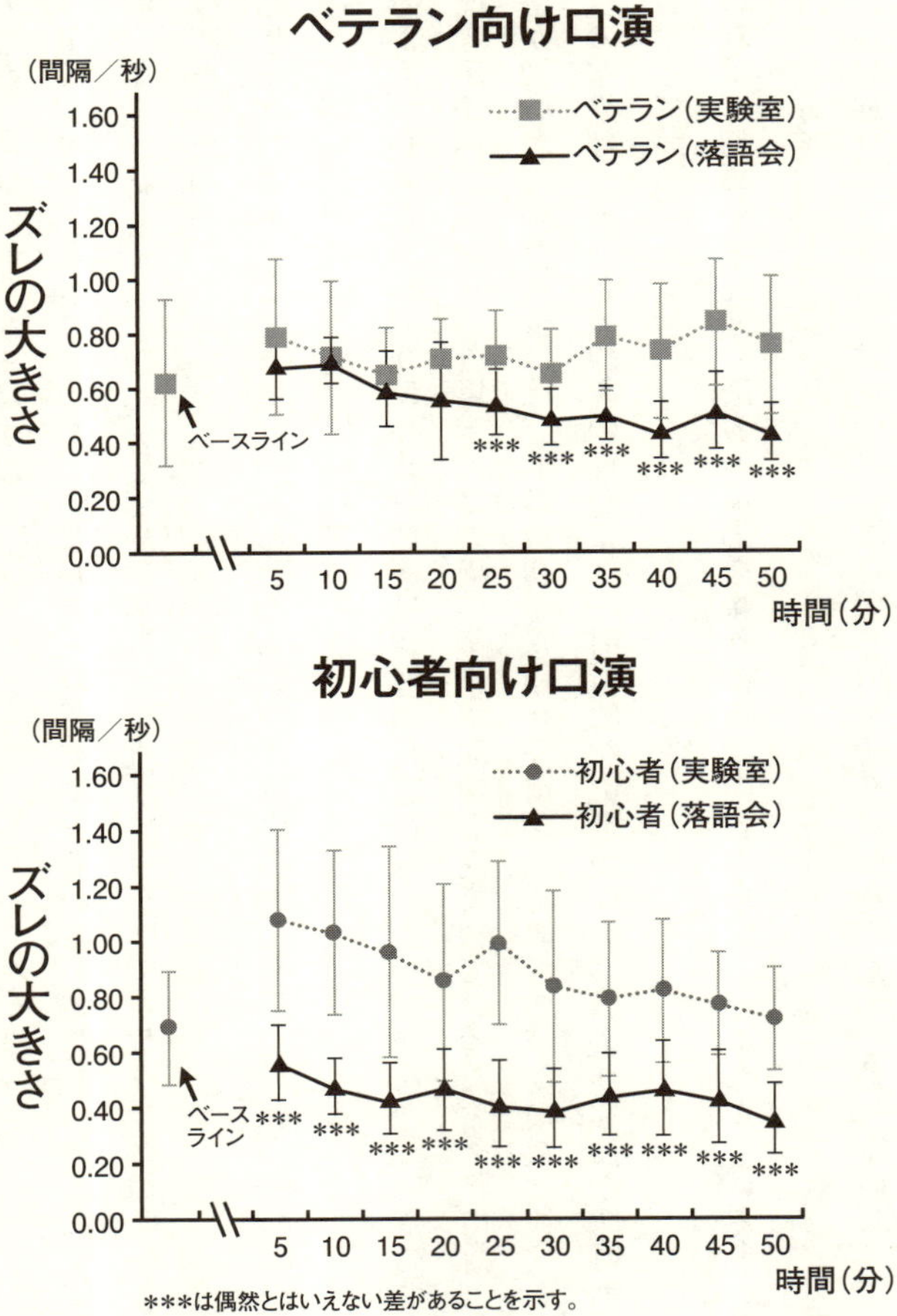

***は偶然とはいえない差があることを示す。

Nomura et al. (2015) Interactions among Collective Spectators Facilitate Eyeblink Synchronization. *PLoS ONE*, 10(10): e0140774.より改変して引用。

め、まばたきの同期がみられたということは、多くの観客の認知過程において、類似したタイミングで予期が生まれ、注意が誘導されたということを示している。噺を聞く観客どうしのあいだに認知的な面での同期が生じることが、実証的に示されたのだ。

もちろん、この実験の結果の妥当性を保証するためには、追試を行い、現象が再現されるか否かを確かめる必要がある。

だが、こう考えることはできないだろうか。

話の場にある話し手‐聞き手群系では、話し手と聞き手との一対一の関係だけ見ても、話の内容を通してつながっている。熟達した噺家ならなおさらだ。

さらに、聞き手どうしの相互作用があることで、噺の中で注意を向ける情報がハイライトされる。ベテランの観客でも同じ効果が見られたが、初心者の場合には噺の初めから強く引力的に影響していた。

話し手‐聞き手群系では、①共通外力の下での②自己組織化が生じていると考えても矛盾はない結果だ。

この時働いている力とはどんなものだろうか。

今、物理学でわかっている四つの力のうち、人間が知覚できるスケールでも働くのは万有引力と電磁気力の二つだけだ。しかし、質量に比例する引力が刻一刻と変化するというのは非常に突飛な考えだ。観客の質量は数秒単位ではほぼ一定で、変動は無視できるからだ。

理論的な帰結として、話の場で観客どうしが引きつけあう作用には、電磁気力が働いていることは間違いない。

だが、具体的になにが媒質になって、どう働いているのかはまだわかっていない。言い換えれば、この点には実証的な研究の余地が大いに残されているということだ。

もし、本書を改訂する日が来た時には、ここに新たな知見を書き加えることができるよう祈っている。

第八章　話し方実践講座

最終章では、これまで論じた話術とその術理を踏まえて実践的な話し方についてみていく。ここでは実際に話をする時に注意すべき点について、網羅的に挙げている。おおよそ話の進む順序と対応しているので、心の中でリハーサルする時に、順を追って問題がないかチェックしてほしい。

ただし、ものによっては、その場その瞬間しか実現しえないものがあるので、一部は心得として拳拳服膺《けんけんふくよう》し、実践を通して練習を積み重ねてほしい。

会場の様子を見ておく

会場の広さや明るさを確認する。だいたいの席の数を把握し、どのくらいの声の大きさで話すのがよいのかを見ておく。観客が多くなると、同じ会場でも声が届きにくくなるので、調整することが必要だ。

また、舞台の広さと演台のバランスをよく見ておこう。

大きい会場では、かなり大げさなしぐさをしなければ後ろの人までは見えない。また、壇上に花などが飾られている場合には、客席から見えない死角が存在するので、必ずその範囲を見ておこう。見せ場になって、しぐさをしたものの、見えなかったのでは伝達係数はゼロである。そんなしぐさはしない方がましだ。

それから、会場によっては残響がかなり大きいことがある。だから、スライドなどのテストと一緒に、マイクのテストは欠かさず行おう。この心がけが、本番でなにか想定外のことが起きた時に落ち着いて対処できるか、それとも慌ててしどろもどろになるのかを分ける。

下読み（表現のリハーサル、記憶のリハーサル）

原稿は必ず下読みしておこう。これは二つの意味で、リハーサルになるからだ。第一には、いわゆる舞台用語としてのリハーサルだ。よく知られているように、リハーサルとは本番さながらに演じてみて、セリフや演出を最終確認することだ。

これは、話し手が安心するために大事なことだ。

前日までに原稿を読んできていても、舞台のセッティングが思っていたものと違っていたり、舞台の制約から十分な効果を引き出せなかったり、というのはよくあることだ。

舞台上で確認することが大事である。

第二に、心理学用語としてのリハーサルである。これには二種類ある。内容を覚える時に繰り返し口にしたり書いたりする維持リハーサルと、覚える事柄の関係性や意味を考える精緻化リハーサルである。

この場面ですべてのセリフやしぐさを覚えておく必要は全くない。だが、想定した以上に時間がかかってしまい、後半を省略しなければならないといった場合には、これが役に立つ。つまり、だいたいの内容や意味を把握していれば、状況に応じてカットすべきところを素早く判断することができる。

逆にリハーサルができていないと、焦ってすべての内容を話そうとして、かなりの早口になって結局なにも伝わらなかったという事態になりかねない。

話し手自らが話の内容を理解するためにも、リハーサルとしての下読みは欠かすことができない。

舞台に上がって見られる不安をなくす

本番が始まる前にできるだけ舞台に上がるようにしよう。どの位置に立って、どちらを向いてしゃべるのかイメージトレーニングをするとよい。

観客席との距離が近かったり、遠かったりするということは、傍から見るだけでは気づかないことも多い。一番前の席に座る観客にも威圧感なく、それでいて一番後ろの席に座る観客にも確かに話を届ける感覚を確かめてみよう。

不安は、未来が予測できないことから生じる。舞台上で起こりうることについて、少しでも可能性を限定することができれば、それに比例して不安は小さくなる。

この意味では、実際に声を出してみるというのは、不安を解消するために有効だ。普段の地声を出してみて、状況をイメージする。イメージが湧《わ》けば、不安は小さくなるだろう。

不安は、話が上手くいかないのではないかということに結びついている。話が上手くいかないのは、自分で話の内容を把握していないことに結びついている。だから、それまでにちゃんと話の内容を構成し、把握していれば、上手くいかないという可能性は低くなる。そうなれば、舞台に立つ時に生じる不安も小さくなる。

妙な言い回しだが、どうか安心してほしい。不安が完全になくなることはない。未来は、どこまでいっても常に未限定だからだ。

本当に不安がなくなった場合には、自分に酔っていないか気をつけた方がいい。字義的にもそうだし、比喩的にもそうだ。自分に酔ってしまっていると、不安はないが、その分だけメタ認知（自分の考えていることについて考えること）は不正確で自分に甘くなる。そういう時は、稀に非常に成功して喝采《かっさい》を受けるが、八割から九割くらいの確率で大きく失敗して非常に反省することになる。自分に酔ったまま賭けに出るのはあまり勧められない。

地声で話し始める

さあ、いざ話が始まったら、最初の一言が大事である。

舞台に上がるまでにおおよそ半分の印象は決まっているが、最初の一言で残りの印象が決まると思っていい。

地声をしっかり出そう。

これは話を通して貫く基本となる声だから、一番話しやすい地声を使う。話の初めでは、自己紹介をするのが原則だ。

それは、話し手を観客の全員が知っている状況であってもそうだ。唯一の例外は、話し手が一体何者かわからないことを演出として使う時だ。だが、このような場合は一生のうち一度出合うかどうかの稀なケースなので、今は考えなくていい。

自己紹介では、何者として話をしているのか明確にしよう。たとえば、エンジニアなのか、商品開発担当者なのか、教育評論家なのか、あるいは研究者なのかを明確にする。

これは聞き手の心構えを誘導するための行為である。話し手の立場がちゃんと伝わりさえすれば、役職や肩書の詳細についての説明はほとんどの場合に必要ない。

話のマクラとつかみのテクニック

噺家は本編の落語に入る前に、マクラと言われる短い話をすることが多い。

噺の「頭に置かれる」ことからマクラと呼ばれるようになったというが、それは必ず置かなければならないというものではない。

マクラが必要なのは、休憩後にざわついている時や前の出番の人の噺が硬すぎたり、つまらなかったりした場合だ。聞く準備ができていないので、マクラを振ることで観客を落ち着かせることができるという。

また、マクラを振ることによって、観客の聞く準備の状態を推し量ることもできる。ある噺家は五〜六個の小咄を状況によって使い分け、観客の特徴を見分けているという。具体的には、ネタへの反応の速さを見たり、わかりやすい笑いを求めているかどうかを判断する。

とはいえ、これらの話術は、あくまで話のプロが行うことだ。初心者が容易に真似できるものではない。

読者にとって実用的なのは、マクラに代わるちょっとした話をして聞き手の注意をつかむことだろう。時間にして二〜三分だが、その話全体の印象さえ変えてしまう効果を持つ。

観客に参加を促すことは、簡単で有効な方法だ。講演会などでよくやるのは、講演のテーマについての予備知識を尋ねるというものだ。実際には、順に話をしていくので、その知識を持っているか否かはさほど重要ではない。実はこれは別の作用を狙っていて、聞き手に単なる傍観者ではなく、参加者としての構えを持ってもらうためのテクニックである。

たとえば、著者はこういうテクニックを使っている。「ユーモアと健康」のような演題で話す時、「自分のユーモアセンスは平均より高いと思う人は拍手してください」と言うのだ。

ある程度拍手が起こったのを確かめたら、その拍手が引いていく頃合いを見計らって、「ユーモアセンスが実際平均より高い人は半分しかいないはずなんですけどね」と軽く付け加える。

もし、拍手が少なかった時には「おかしいなあ、ユーモアセンスが高い人は半分はいるはずなんだけど」とすればよい。

これで笑いが起これば、その日の話はもう安心してできる。

聞き手が傍観者をやめて参加者になったからだ。

このほかにも、聞き手に質問をして手を挙げさせる方法もある。だが、手を挙げさせる方法は、観客にとってみれば、いきなり個人を特定されるという不安を伴う。

それよりは拍手の方がよい。話し手の心持ちとしては、拍手にした方が場をにぎやかにできるし、観客にとっても後ろを振り返らなくても、どの程度の人が反応を示したのかが共有できて便利だ。

拍手をしてもらったり、手を挙げてもらうのは、腕組みを解いてもらうための方法でもある。先述の通り、腕組みは身を守る姿勢で、相手がその姿勢を取っていたら、その懐へ入っていくことは非常に難しい。

いったん手を使ってもらうことによって、懐に隙を作ろう。そこに、話が入っていく余地が生まれる。

話のつかみの内容は、観客の視線と関心を集めるものであることが第一だ。また、本題についての予備知識を与えるものがあると、理解を助けることにもなる。

本書を手に取った初心者の中には、「話のつかみ」を、話の本題とは独立して捉えている人もいるだろう。

だが、それは違う。

話のつかみは、話という相互行為が、本来話し手と聞き手とのあいだで行われることを再確認するために行われるものだ。相互行為としての話では、話し手が一方的に告知することでもなく、聞き手が一方的に野次を飛ばすものでもない。

つまり、話のつかみとは、聞き手の注意をつかむことではあるが、それは結局のところ、話し手からの呼びかけと観客からの応答という関係を構築することを目指している。

端的に言えば、コール・アンド・レスポンスの精神だ。

緊張を緩和するストレッチ

つかみが上手くいかず、話が始まっているのにまだ場の緊張感が抜けない場合がある。これは話し手にとっては大問題だ。だが、これは聞き手にとっても一大事である。息苦しくて仕方がないからだ。

場に漂う緊張感は、話の内容を聞くのではなく、話のあらを探すように注意を誘導してしまう。多くの場合には、話をしているうちに緊張は解きほぐされていくものだが、どうしても緊張感があって、話の本編に入りにくいような場合には、奥の手を使おう。

緊張を緩和するストレッチをする。そう、話によって解きほぐすことを諦めて、筋肉の緊張を物理的に緩和してしまうのだ。

多少不自然になっても構わない。手のひらを向かいあわせ、祈りのポーズのように手を組んでから、腕を天井に向けてゆっくりと伸ばそう。

「緊張しちゃって」などと口にして、肩から首の筋肉が緊張しているのを意識して目いっぱい、筋肉がきちきちと緊張するのがわかるまで伸ばしたら手を解く。筋肉は、緊張させてはじめて弛緩できる。

余裕があれば、聞き手に向かって「みなさんもどうですか」と言ってもいい。

これでも解けない緊張は、どうやっても解けない。もう諦めて、それからは準備した話をするしかない。

ただし、これはあくまで奥の手だ。本来であれば、楽屋などの見えないところで済ませておくべきである。

笑わせて感動させる

眠ったり、気が散ったりしている人に比べれば、真顔の人は聞いてくれている分だけありがたい。だが、せっかくであれば少しリラックスして聞いてもらえると、話し手の緊張感も和らぐというものだ。少し笑顔になってもらうための工夫があるといい。

第六章でも述べたが、観客を笑顔にするというのは、単純に話し手のためにやることではない。話の内容を聞いた時、感動してもらうための下準備という意味がある。

人は、環境に対して安定状態を保つようにできている。したがって、いきなり泣いたり、いきなり感動したりすることはできない。そんな心の扉を開くのが笑いである。

心を少し揺り動かしておくと、話の内容で感動する可能性が生まれる。これはなにも泣ける話で感動を誘うためばかりではなく、プレゼンテーションにおいて真に意義や価値があると思わせるためであっても同じように機能する。

まずは、軽くジャブを放つような気持ちで聞き手を笑顔にすることを試みてみよう。

簡単な方法は、自分が失敗した話をすることだ。

ある程度公的な場では、話し手は講演を依頼されるくらいの人だから、大人物なのだろうと観客の方で構えてしまう場合がある。

そんな時、話し手が自分のへま話をすると、とても親近感が湧く。もちろん、深刻なことではへま話にならない。「持って出たのが携帯電話だと思ったら、テレビのリモコンだった」というくらいの笑える程度のものがいい。

話し手は怖そう、あるいは偉そうというマイナスの印象からプラスに振れた時には効果が大きい。

それ以外にも、相手の内側に入る方法はある。それは、「ご当地」をほめることだ。おいしいものが多いとか、人当たりのいい人ばかりだと言って嫌な奴だと思われることはない。今すでにある内集団にすっと入るテクニックだ。

即席の内集団を作る方法については、もう少し技術が必要になるため、後ほど改めて述べる。

目を合わせずに納得させる方法

目には、知らず知らずのうちに心の動きが出てきてしまう。これは逆に言えば、相手からどう見えているのかを上手く操作すれば、相手からの印象を変えられるということでもある。

話への信頼感を抱かせるには、相手の目を見て話すことが大事なのは言うまでもない。

そうは言っても、話すのが苦手だという人は、話の最中どこを見ればよいのかわからないことも多いだろう。

聞き手が多くいれば、どこを見ても目が合ってしまうので、余計に緊張してしまう。

ここでは、そういう方のために、まずは緊張せず話を進める技法を紹介する。

これは、自分の視線の向きと相手の視線の向きを無理なく方向づける経験的な法則である。

剣道などでは、試合の最中に相手のどこを見るかは、目付《めつけ》と呼ばれているので、ここでもそう呼ぼう。

第一の技法は、視線を合わせることで外す方法だ。呼び名があると便利なので「合即転」とでも呼んでおこう。

まず、座っている聞き手を左から順に見て、ゆっくりと右側へ視線を移していく。だいたい二秒から三秒くらいかけてゆっくりと移動させる。

ただし、緊張している時には時間の感覚は狂ってしまう。主観的な時間としては五〜六秒くらいの感覚で移動させた時、実際の時間で二〜三秒に相当する。

一番右側まで来たら、折り返してまた左側へと視線を移していく。

聞き手も人なので、見られている感覚があると、見返してしまう。

これを利用して、視線が合うそばからずらしていけば、結果としてそれほど視線は合わない。それにもかかわらず、相手には「ちゃんと見ている」という印象を与えることができる。

視線が出合い頭でぶつかると、話の素人は慌ててしまう。逆に自分から合わせにいけば、それほど慌てることはない。まして、この方法では、合った時にはもう外れているので、緊張も最小限に抑えられるはずだ。

第二の技法は、自分の視線で指し示す先に相手の視線を導く方法だ。「示視向」と呼びたい。

これは、直前まで相手を正視して、話の内容の中でも大事な部分を話す少し前に視線をスクリーンに移す。

すると、自然と相手の注意は発表者の視線の先に注がれる。

これは、単純に視線が指さし（ポインティング）と同じ働きをすることを利用したものである。指をさして「ここ」と言った時、人は指がさしている先を見る。指先や爪を見ることはない。

この方法を使えば、相手は視線の先を見てくれるため、視線がぶつかることはない。相手が上手く視線による誘導に乗ってきてくれていれば、落ち着いて話すことができるはずだ。

人前に出てもある程度まで落ち着いて話せる方のためには、応用編となる技法を述べておこう。第三の技法は、観客の視線の集中から観客の注意を推し量る方法である。「誘視歩」と名づけた。

壇上を左右に移動して、観客の視線がどれだけついてくるかを見るというものだ。話し手の方へ注意を向けていれば、ゆっくりと話し手が動いたのに連動して、観客の多くが自然と目で追う。観客の視線がまばらにしかついてこない時には、あまり集中して聞いてはいない。

もちろん、あまり頻繁に左右に動くとそれ自体が煩《うるさ》くなってしまうので、節度を持って臨んでほしい。

話し手が特定の観客とのあいだに強いリンクを創る

大学の教員に話のコツを聞くと、前方に座って頷いてくれる学生を見つけることを挙げることが多い。その学生が頷いてくれるように話し方を調整すれば、結果的に多くの学生に伝わっているように感じられるからだ。

一対多の状況では、話し手はまさに多勢に無勢で心細い心持ちになるので、頷いて肯定的に聞いてくれるのはありがたい。その学生に向けて話をしたくなるのも人情だ。

この方法は一種のヒューリスティクス（経験則）として妥当であろう。

とはいえ、妥当性が保証される範囲は、あくまで聞き手が学生で、前提として持っている知識水準がほぼ一定である場合に限られる。

さらに残念ながら、よく頷いて聞いてくれていても、その学生が内容をきちんと把握しているかと言えば、必ずしもそうではない。そういった学生の成績はほとんどの場合、特別いいわけではない。話し手としては驚いてしまうが、これが事実だ。

これはなぜか。

その学生がいい人だからだ。

内容がわかっていても、わかっていなくても、まずは頷いて同意を示す。そうして、相手が話しやすい雰囲気を醸し出してくれている。確かにとてもいい人だ。この行為は、女性に多い。女性は話をする時、同意をすることが求められる環境にいることが日頃から多いのかもしれない。

さて、この人はいい人には違いないが、話し手側から見れば、聞き手が内容をどれくらい理解したのかを推定するための情報をなにも提供してくれていない。

逆説的に、わからないところはわからないと表情に出し、眉間にしわを寄せて返してくれる人の方が、実は多くの情報をくれているのだ。

人前で話すことが苦手すぎて、肯定的に聞いてもらえることが唯一の癒しだという人を除けば、本来は眉間にしわを寄せる人の方に感謝すべきなのである。

一人の聞き手に焦点化するという戦略は、特定の聞き手とのあいだに強い相互作用を示す話し手－聞き手系を形成することを目指すものだ。

観客どうしの相互作用を促す

もう一つの戦略として、観客どうしの相互作用を促す方法が考えられる。観客は相互に影響しあっている。それは互いに引き込みあう方向の影響だ。少しだけきっかけを作ってあげれば、観客は自発的に引き込みあう。

ここで言う自発的にというのは、「自分の意志で」という意味ではない。「自覚がなくても勝手に」という意味だ。

一度始まると、連鎖的に影響力が発動する。観客どうしの密度が高いと、安定点までは止まることも止めることもできない。

ホールでの落語やコンサートのように、観客の数が数千から数万いる状況では、時間差が生じるので反応は前後左右に行き来し、波打つことになる。

これは、観客どうしが相互作用しているからにほかならない。

当たり前のように感じるかもしれないがそうではない。もし、観客どうしの相互作用がなければ、話し手の意味を個人が読み取った時点で情報処理は終わるはずだ。

ざわざわと反応に波ができるということは、一度理解したとしても、また周囲の観客の反応を拾って再び別の処理が始まることを示している。

第七章で見たように、落語を対象にした最近の研究では、この効果は特に領域知識が乏しい初心者のあいだで起こりやすいことが明らかになった。聞き手に領域知識を期待できない状況では、すべての情報を話し手が提供することを目指すよりも、聞き手どうしの相互作用を引き起こすことを目指した方が有利に働く場合があるということだ。

観客の密度を高める

観客の密度は、観客どうしが影響しあう時の結合の強さを左右する。空席があるよりも観客が混みあっていると、感情は伝染し、反応は連鎖しやすい。

これは経験的によく知られていて、寄席には窓はなく、できるだけ観客が混みあって座るように設計されている。

閉鎖空間では観客どうしが影響しあうことは、様々なところで指摘されている。参加者のあいだで熱狂的なトランスを引き起こす宗教行事が閉鎖空間でよく行われるのも、このためだろう。

エドワード・ホールは『かくれた次元』（日高敏隆・佐藤信行共訳、みすず書房、一九七〇）の中で、都市の病的な混みあいが健康を害する危険性を指摘している。物理的な混みあいが心理状況に影響することを示唆した古典的な名著である。

観客間の相互作用を最大にするためには、もちろん観客の安全と健康に配慮しながらも、一時的には密度が高くなるように座ってもらうことも一つの手段である。

場の斉一化圧力

この話題を公に論じるのは倫理的に問題があるかもしれない。だが、現実として、話術の一つとして場の斉一化の圧力を操るという方法があることは事実だ。

実行するかどうかは別のことなので、このような話術があることは知識として持っておいてもいいだろう。

斉一化の圧力とは、周囲の人の振る舞いに合わせなくてはならないという暗黙のプレッシャーのことだ。古典的な研究として、ソロモン・アッシュが一九五〇年代に行った同調の実験がよく知られている。

実験は基準となる棒を見せ、その棒と同じ長さの棒を三本の棒から選ぶという単純なものだ。

斉一性の圧力がなければ、ほぼ一〇〇％の参加者が間違うことなく、正しい棒を選ぶことができる。

ところが、この実験では、実際の実験参加者の前後七人がサクラ（実験協力者）で、間違った棒を選んで同じ長さだと答える。二～三人が別の棒が正しいと回答する時には、驚きはするがまだ冷静だ。これが、実験参加者の前の六人全員が別の棒が正しいと回答したところでうろたえ始める。いよいよ答える順番が回ってくると、混乱しながら一定以上の実験参加者が自分の思いとは裏腹に、みんなが正しいと言った棒の方を選ぶ。

この研究では三〇％以上の人が斉一性の圧力に屈した。アメリカの研究だが、日本でやればこの割合はもっと高くなるかもしれない。

集団にはこのような斉一性の圧力が働いている。

場の斉一化圧力を操作する

場の斉一性の圧力を操作する具体的な方法は、意外にも同じものを笑うことだ。笑いを共有することは、即席の内集団を形成することになる。

目的を共有していない人たちの集まりは群衆と呼ばれ、集団とは区別されている。群衆は同じものを笑うことによって目的を共有し、集団になる。笑いを重ねるごとに、集団の凝集性（まとまり感覚）は強まる。

最近の研究によれば、映像に人工的に笑い声を付加することには、単に感じられるおもしろさを増すというだけではなく、話し手についての評価を高めるという副産物があるという。

同じものを笑うことは、即席の仲間意識を作り、さらに、話し手の評価を上げるのだ。

話術として操る笑いには、二種類ある。

一つ目は、感情を共有し、共に笑うことlaugh withである。これは、楽しい雰囲気を共有して、会場を盛りあげる方向に働く。

話し手がご当地をほめたり、へま話をして場を和ませるのも、観客どうしのあいだに一種の仲間意識を作りあげるためだ。

これが上手くいけば、話の内容も非常に伝わりやすくなる。内集団としての意識が生まれるため、話を聞く準備ができているからだ。

したがって、話術としてはこれが正攻法であり、まず身につけるべき技法である。

二つ目は、共通の仮想敵を作り、笑うことlaugh atである。

これは、仲間意識を作りあげるために非常に強力な手段である。共に笑うことよりも容易に実現でき、強力な仲間意識を作ることができる。

しかし、同時に大きなリスクをはらんでいる。それは、敵として挙げた者が観客に含まれる場合だ。周りがどんなに盛りあがっても、その者には嫌な気分しか残らない。

当然、そんな話し手の話など聞きはしない。

これは、話術としては失敗した状況だ。しかもただの失敗ではなく、その被害は甚大だ。場合によっては謝りにいく必要が出てくることも知っておこう。

観客の中に敵がいる場合でなくても、リスクはある。

話し手がどんどん生まれる笑いに気をよくして、笑いの攻撃がどんどんエスカレートしてしまう場合だ。この時、聞き手は話の内容を聞いているのではなく、雰囲気に流されているだけだ。雰囲気が先行するため、あまり過激になると話し手による制御ができない状況にまで陥ることもありうる。

だから、この二つ目の共通の仮想敵を笑う方法はあまり勧めることができない。敵を笑うことが許される、あるいは、それが期待される特殊な状況で、どんな結果になっても話し手がすべての責任を取る自信がある場合のみ使ってもいい。この方法で誰かを傷つけても、著者は責任を取れない。

見る－見られる関係の怖さを和らげる

一対多の状況では、観客は自分自身が見られているという意識はそれほど持っていない。だが、ヒトには常に見る－見られるという関係がある。したがって、観客はいつも潜在的には見られる側になるリスクをはらんでいる。

人は見られている状況では、なかなかリラックスすることはできない。それどころか、はっきりと「見られている」と意識すると不安に駆られ、話を聞くどころではなくなってしまう。

このため、座席の配置や会場の設備によって話がしやすい場所、しにくい場所というのがある。ある噺家に伺ったところでは、客席を挟むように桟敷席がある新宿末廣亭では観客が噺の世界に入るまでに時間がかかるという。加えて、鏡があるスタジオのような場所で口演する時には、観客が自分の振る舞いへ自意識を向けてしまい、噺に集中できないということもおっしゃっていた。

観客には、多の中で没個性の者として自分を置いておきたい欲求が働いている。この意味では、手を挙げさせたり、立たせたりして、特定の観客一人を取りあげていく行為は、観客全体を巻きこんでいく時にはマイナスに働く可能性があることを、話し手は知っておく必要がある。

場に呑まれる

ここから述べることは、入門編の内容としては非常に難しいことだということは承知している。だが、話し手としての役割を担う読者には、心にとめておいてほしいことである。話という相互行為においては、いくつかの条件が重なると、話し手のコントロールの範囲を超えて観客が動き出すことがある。その時、話し手はもはや場に呑まれてしまうしかない。

場に呑まれるというのは、よい意味でも悪い意味でも起こる。

たとえば、スポーツ選手が引退セレモニーで観客の心をつかみ、観客からの感謝の声や喝采が止《や》まなくなることがある。一方で、シュプレヒコールを上げてデモ行進をしていたのに、それが群衆を巻きこんで暴動に発展することもある。

この時、話し手は往々にして場に呑まれて無力である。

観客どうしの影響が相乗的になることで、観客の集団としての行動を止められなくなってしまうのだ。

これはなにも、話による力だけで起こるとは限らない。

地震や火事が起きた時、観客の集団としての行動を止められなくなることがある。最悪の場合は、観客はパニックになって、通路や出入り口に殺到してけがをしてしまう。

話し手がその責任としてそのような時にできるのは、観客どうしの相互作用をできるだけ無力化することである。具体的には、まず観客集団の密度を下げ、安全なルートへのゆっくりとした流れを作るということだ。

空間的に余裕があれば、観客をいくつかのグループに分けてしまえば、相互作用を無力化できる。

一つの逸話がある。これは著者がＭＩＴ（マサチューセッツ工科大学）のメディアラボを訪ねた帰りのことだ。二月のボストン空港は吹雪《ふぶ》いていた。出発まで小一時間待たされた乗客は足早に進む。短い間隔で歩く乗客どうしの歩調はあっという間に同期し、搭乗橋は揺れ始めた。

相互作用がこれ以上続くと、搭乗橋が揺れに耐えきれず事故になりかねないことを、著者は感じ取った。乗客の歩く周期をずらして互いに打ち消しあえばいいはずだ。

著者はおもむろに前の客から一メートルほど距離を取り、その場で手足をじたばたしたのだった。

果たして、搭乗橋の揺れは著者の位置を境に逆位相になって、次第に揺れは止んでいった。その場の誰一人として気づいてはいなかったが、その日著者は間違いなくヒーローであった……。

冗談はさておき、観客を小隊に分けてゆっくりと移動をさせるのも有効だ。観客どうしの相互作用の向きを一定にして、安定化するためだ。反対にその場にとどめさせようとすることは、予想外の多様な相互作用が生じる危険をもたらす。ゆっくりと動いて広いところへ移動することができるよう導こう。

このような話術は、これまであまり顧みられなかったが、近年大変な精度で技術が高まってきた。それがＤＪポリスである。

最近では、スポーツの試合やハロウィンなどで若者が多く集まる場所に動員されているのをよく見るようになったＤＪポリスが行っているのは、人が多く集まる状況で、パニックをあらかじめ抑制し、けがやトラブルを回避するのに特化した話術である。

話にユーモアを取り入れ、指示を出すにも角が立ってトラブルにならないようにするのには、かなりの熟練を必要とする。決して容易なことではない。その様子を見て、いつも感心する。

このような実践があるのを知っていることは、話術の担い手の心構えとして、いずれ役に立つことだろう。

舞台から下りる作法

話し終えたからと言って、油断してはいけない。舞台を後にするまで話し手であることはまだ続いている。

舞台に上がる時に気をつけたのと同じように、観客からの見えをコントロールしながら舞台を下りよう。

拍手がある時には、それに応えてもよい。

とはいえ、コンサートをしているわけではないので、終わればすっと帰っていく方が印象もいいだろう。

舞台袖に姿が消えるその最後の一瞬まで、話し手でいよう。

舞台裏に戻れば、いくらでも休むことができる。

時には多勢に無勢と諦めるのも肝心

いつも話は上手くいくわけではない。真打の噺家でさえ、出来が悪い時があるのだ、仕方のないことだ。

それに自己評価と他者評価は必ずしも一致しないものだ。

観客に感想を聞いてみると、今日は非常に楽しくて会心の出来だったという時でも、話した本人は全く納得していないということがよくある。

当然ながら、特に話し手の話術が上達してくると、評価の観点も多岐にわたり、単純に話を効果的に伝えることができただけでは満足しなくなってくる。

ここをもっと強調したかったとか、聞き手の反応を引き出したかったとか、別の観点からの評価が行われるようになるのだ。

しかしどんなに無理をしても、話をする以上のことはできない。

落語は時に弱い芸能だと言われるのは、このためだ。噺家が頑張ってしゃべっても、観客の方で違うとなれば、どうしてもあらがえない時がある。

聞き手はたくさんいて、本当は話し手の何倍も影響力を持っている。その相手が動かない時は多勢に無勢と諦めよう。

相手が退く前に、自分が退けという教えだ。

もちろんそれで終わってはいけない。自分の話術のどこがいけなかったのか、改善の余地はないか真摯に考えてみよう。

原因はなにか。観客の反応を感じ取れなかったのか、それとも観客が期待する見えを提供できなかったのか、話の準備が足りなかったのか、資料が見づらかったのか。それとも声が出ていなかったのか。

そもそも自分は聞き手に向けて話していただろうか。

独り言ではなかったか。

話を相互行為だと捉えると、舞台には立っていても、実質的には話になっていないということがありうる。

もし相手に届かないのなら、話なんかせずに一人で寝ていた方がよっぽどましだ、と思えるかもしれない。

だがあなたは、一人で寝ているより、もう一度話をしてみようと思う人であってほしい。

その小さな心がけが、話術を磨くきっかけを与える。

そんなあなたには、話が上手くいかなかった時にまた本書を読み直すことをぜひ勧めたい。

話をしてから再読すると、また違う意味が読み取れるように、本書はできている。

おわりに

本書は噺家には役に立たない。なぜなら、噺家は楽屋での気働きといった前座修業や寄席での口演を通して学ぶからだ。観客の息遣いを肌で感じ取らなくてはならない。だから、この本は役に立たなくていい。いや、役に立つべきではないと言った方がいい。

とはいえ、落語の世界で脈々と伝承されている芸は、時に華やかであったり、時にいぶし銀の味わいがあったりして、我々素人にとってはとても魅力的に見える。もし、そのエッセンスを少し分けてもらうことができたら、そんな素敵なことはないだろう。そう思って書いたのが本書である。

今は、話の素人も人前で話さなくてはいけない時代である。口が上手いだけの輩《やから》に辟易しながらも、プレゼンテーションや面接で上手くいくのを見ると羨《うらや》ましくてならない。話すのはどうも苦手で、このような気持ちを抱く方も多いのではないか。

認知科学というレンズを通して見えてきた落語のエッセンスが、そんな人々の心配や不安を解消するための一助になることを祈っている。

本書では、まず話術の三つの構成要素として、聞き手の反応を感じ取ること、観客からの見えをコントロールすること、そして、効果的に話すことを説明した。

そして、話し手－聞き手の関係性に注目して再定義した「間」を切り口にして、話術の理論と実践の方法に言及した。さらに、観客が集合としてダイナミックに息づく「場」へと話題を移していった。最終章では、これらを踏まえて現場で注意すべき実際的なポイントを挙げた。

これは、著者自身が大学院生の頃から行ってきた研究で辿《たど》ってきた途《みち》とほとんど重なっている。容易に取り掛かれるセリフや所作の分析から始めて、一〇年経った今、ようやく場についても素朴な感性論を超えた実証的な議論ができるようになってきた。だから、本書は私の落語研究の個人史と言ってもいい。そのような本を一〇年目というちょうど節目に当たるこの時期にまとめることができたのは、まさに僥倖《ぎょうこう》というほかない。

本書で取りあげた目の付けどころは、普段からお世話になっている噺家の方々、寄席や落語会関係者の方々、そして、客として訪れた方々との交流を通して得られたものである。

特に古今亭文菊師には、研究に対して並々ならぬご協力をいただき、落語が今日まで受け継いできたものの見方を教わった。落語を愛するすべての方に深く感謝したい。

また、著者が大学院生であった頃から助教をしていた時まで、噺家がいない福岡の地で研究を進めることができたのは、九州大学大学院人間環境学研究院の丸野俊一教授を始め、多くの先生方の豊かな指導があったためである。謝辞を述べたい。

また、一人ひとりお名前をあげることはできないが、多くの研究者から論文や書籍を通して触発されることで今日まで研究を続けることができた。研究の道を先に行き、導いてくれた方々に感謝する。

原稿を読み丁寧なコメントをくださった六松亭風吹さん、甲斐万里子さんには大変助けてもらった。

最後に、本書を書くきっかけをくださった集英社の稲葉努さん、はじめての執筆を全面的にサポートしてくださった同じく集英社の渡辺千弘さんに謹んで感謝の辞を述べたい。

二〇一六年皐月　おだやかな日の本郷にて

図版作製／クリエイティブメッセンジャー

野村亮太（のむら りょうた）

一九八一年生まれ。認知科学者。東京大学大学院教育学研究科・特任助教。東京理科大学大学院工学研究科博士後期課程。九州大学教育学部卒業、同大学院人間環境学府修士課程および博士後期課程修了。博士（心理学）。専門は、落語の間《ま》、噺家の熟達化。International Society for Humor Studies Conference Graduate Student Awards 2007、日本認知科学会二〇一四年論文賞、各受賞。

口下手《くちべた》な人《ひと》は知《し》らない話《はな》し方《かた》の極意《ごくい》 **認知科学《にんちかがく》で「話術《わじゅつ》」を磨《みが》く**

集英社新書〇八三七E

二〇一六年六月二二日 第一刷発行

著者……野村亮太《のむらりょうた》

発行者……加藤 潤

発行所……株式会社集英社

東京都千代田区一ツ橋二-五-一〇 郵便番号一〇一-八〇五〇

電話 〇三-三二三〇-六三九一(編集部)

〇三-三二三〇-六〇八〇(読者係)

〇三-三二三〇-六三九三(販売部)書店専用

装幀……原 研哉

印刷所……凸版印刷株式会社

製本所……株式会社ブックアート

定価はカバーに表示してあります。

© Nomura Ryota 2016

ISBN 978-4-08-720837-5 C0211

Printed in Japan

造本には十分注意しておりますが、乱丁・落丁(本のページ順序の間違いや抜け落ち)の場合はお取り替え致します。購入された書店名を明記して小社読者係宛にお送り下さい。送料は小社負担でお取り替え致します。但し、古書店で購入したものについてはお取り替え出来ません。なお、本書の一部あるいは全部を無断で複写複製することは、法律で認められた場合を除き、著作権の侵害となります。また、業者など、読者本人以外による本書のデジタル化は、いかなる場合でも一切認められませんのでご注意下さい。

集英社新書　好評既刊

教育・心理——E

「学ぶ」から「使う」外国語へ　関口一郎
ホンモノの文章力　樋口裕一
中年英語組　岸本周平
おじさん、語学する　塩田　勉
感じない子ども　こころを扱えない大人　袰岩奈々
レイコ@チョート校　岡崎玲子
大学サバイバル　古沢由紀子
語学で身を立てる　猪浦道夫
ホンモノの思考力　樋口裕一
共働き子育て入門　普光院亜紀
世界の英語を歩く　本名信行
かなり気がかりな日本語　野口恵子
人はなぜ逃げおくれるのか　広瀬弘忠
英語は動詞で生きている！　晴山陽一
悲しみの子どもたち　岡田尊司
行動分析学入門　杉山尚子
あの人と和解する　井上孝代
就職迷子の若者たち　小島貴子
日本語はなぜ美しいのか　黒川伊保子
性のこと、わが子と話せますか？　村瀬幸浩
「人間力」の育て方　堀田　力
「やめられない」心理学　島井哲志
学校崩壊と理不尽クレーム　嶋﨑政男
死んだ金魚をトイレに流すな　近藤　卓
「才能」の伸ばし方　折山淑美
演じる心、見抜く目　友澤晃一
外国語の壁は理系思考で壊す　杉本大一郎
○《まる》のない大人　×《ばつ》だらけの子ども　袰岩奈々
巨大災害の世紀を生き抜く　広瀬弘忠
メリットの法則　行動分析学・実践編　奥田健次
「謎」の進学校　麻布の教え　神田憲行
孤独病　寂しい日本人の正体　片田珠美
「文系学部廃止」の衝撃　吉見俊哉

科学——G

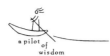

臨機応答・変問自在	森 博嗣
農から環境を考える	原 剛
匂いのエロティシズム	鈴木 隆
生き物をめぐる4つの「なぜ」	長谷川眞理子
物理学と神	池内 了
全地球凍結	川上紳一
ゲノムが語る生命	中村桂子
いのちを守るドングリの森	宮脇 昭
安全と安心の科学	村上陽一郎
松井教授の東大駒場講義録	松井孝典
論争する宇宙	吉井 讓
時間はどこで生まれるのか	橋元淳一郎
スーパーコンピューターを20万円で創る	伊藤智義
非線形科学	蔵本由紀
欲望する脳	茂木健一郎
大人の時間はなぜ短いのか	一川 誠
雌と雄のある世界	三井恵津子
ニッポンの恐竜	笹沢教一
化粧する脳	茂木健一郎
美人は得をするか 「顔」学入門	山口真美
電線一本で世界を救う	山下 博
量子論で宇宙がわかる	マーカス・チャウン
我関わる、ゆえに我あり	松井孝典
挑戦する脳	茂木健一郎
錯覚学——知覚の謎を解く	一川 誠
宇宙は無数にあるのか	佐藤勝彦
ニュートリノでわかる宇宙・素粒子の謎	鈴木厚人
顔を考える 生命形態学からアートまで	大塚信一
宇宙論と神	池内 了
非線形科学 同期する世界	蔵本由紀
宇宙を創る実験	村山斉・編
地震は必ず予測できる!	村井俊治
宇宙背景放射 「ビッグバン以前」の痕跡を探る	羽澄昌史

a pilot of wisdom

集英社新書 好評既刊

「憲法改正」の真実
樋口陽一／小林 節　0826-A

自民党改憲案を貫く「隠された意図」とは何か？ 憲法学の権威ふたりによる「改憲」論議の決定版！

ひらめき教室「弱者」のための仕事論 〈ノンフィクション〉
松井優征／佐藤オオキ　0827-N

テレビで大反響。大ヒット漫画の作者と世界的デザイナーによる「弱者」のための仕事論、待望の書籍化！

世界を動かす巨人たち〈政治家編〉
池上 彰　0828-A

超人気ジャーナリストが、現代史の主役を担う六人の政治家の人物像に肉薄。待望の新シリーズ第1弾！

すべての疲労は脳が原因
梶本修身　0829-I

「体の疲れ」とは実は「脳の疲労」のことだった！ 疲労のメカニズムと、疲労解消の実践術を提示する。

安倍官邸とテレビ
砂川浩慶　0830-A

さまざまな手段でテレビ局を揺さぶり続ける安倍官邸。権力に翻弄されるテレビ報道の実態を示す。

普天間・辺野古 歪められた二〇年
宮城大蔵／渡辺 豪　0831-A

「返還合意」が辺野古新基地建設の強行に転じたのはなぜか？ 不可解さに覆われた二〇年の実相に迫る。

西洋医学が解明した「痛み」が治せる漢方
井齋偉矢　0832-I

科学的事実に拠る漢方薬の処方を「サイエンス漢方処方」と呼ぶ著者が、「痛み」の症状別に処方を紹介する。

イランの野望 浮上する「シーア派大国」
鵜塚 健　0833-A

中東の「勝ち組」となったイスラム大国イラン。世界情勢の鍵を握るこの国の「素顔」と「野望」に迫る。

ルバイヤートの謎 ペルシア詩が誘う考古の世界
金子民雄　0834-C

世界各国で翻訳される、ペルシア文化の精髄の一つと言われる四行詩集『ルバイヤート』の魅力と謎に迫る。

自民党と創価学会
佐高 信　0835-A

権力のためなら掌を返す自民党。「平和の党」の看板も汚す創価学会＝公明党。この「野合」の内幕を暴く！

既刊情報の詳細は集英社新書のホームページへ
http://shinsho.shueisha.co.jp/